「また会いたい」と思わせる人の習慣術

どんな相手にも好印象を与える
心理テクニック

日本心理パワー研究所
編

JN264078

日文新書

●はじめに……人生のチャンスを呼び寄せよう！

「こんな人とは二度と会いたくない――」

などと思われたら最悪です。

もちろん、そこまで人に思わせるというのは、よほどのことがない限り、ふつうは想定外のことといえるでしょう。

しかしです――。

「この人とは、どうも波調が合わないな――」などと思わせてしまうのも、実は同じことなのです。

興味や関心が湧かないということなのですから、「また会いたい」とは思えないわけです。

〝人生のチャンス〟は、そのへんに転がっているものではありません。

必ず誰かが、運んできてくれるものです。

誰のために？

もちろん、あなたのためにです。

いつも気持ちのよい返事をしてくれるあなたがいると上司は気分がよいものです。

楽しい会話が出来るあなたには、自然に人が寄ってきます。

そうした良好な関係があるからこそ、思いがけないキッカケがもたらされ、人生はひろがっていくものなのです。


「感じのよい人だな」

「面白い人だな」

「興味深い人だな」

「素敵な人だな」

「愉快な人だな」

「懐の深い人だな」

「頼りになる人だな」

こういう人だと、誰もが「また会いたい」と思うわけです。

このように〝豊かな人間性〟を目指そうというのが本書の目的です。

本書で提唱している内容は、いつでも誰にでも実践出来るものばかりです。

それでいて、本書のレッスンを続けていくと、見知らぬ人とも、たちどころに楽しく雑談出来るようになります。

パーティーや業界の会合、交流会やセミナーに一人で参加して、誰とも親しくなれずに帰ってきた経験が、あなたの過去にもあったのではないでしょうか。

せっかくの出会いのチャンスにもかかわらず、それが生かせないというのは、スキルがないからに他なりません。

たしかに、見知らぬ人へのアプローチの仕方は、学校でも教えてくれませんでした。

しかし、社会人になったら、こうしたスキルをもっているか、もっていないかで大きな差がついてしまうのです。

また、人から好感をもたれる振舞いが身についていないと、いつの間にか好縁のネットワークからはずされていたということも、起こりかねません。

新しい出会いも駄目、従来からの人間関係維持もままならないということでは将来が心配です。

どんな時でも人が寄ってくるということは、それだけチャンスが集まることだと考えなければいけないのです。

そして、「また会いたい」と思われることは、チャンスが得られる機会が未来にひろがっていくことと想像をたくましくしてほしいのです。

人生は1分1秒の積み重ねです。

いつでも、どこでも、「また会いたい」と思わせる、ちょっとした習慣術を身につけておくことは、とても大事なことなのです。

今日からぜひ、本書の中からひとつずつでもチョイスしながら、「また会いたい」と思わせる〝人間力〟を磨いていただきたいのです。

著者

「また会いたい」と思わせる人の習慣術——もくじ

第1章 相手に好印象を与えるにはコツがある
～「また会いたくなる人」「二度と会いたくない人」の違い

第2章

相手に自然に好印象を与える技術

～人が惹きつけられる時、魅了される時とは？

第3章 相手から好感をもたれるちょっとしたコツ

~周囲の気配りひとつでファンは増えていく

第4章 自分を最大限にアピールするワザ
~効果的に自分のよいところを見せるテクニック

第5章 長続きする信頼関係を築くコツ
~ちょっとした会話術が相手に好印象をもたらす

●編集協力 ㈱リアルプロモーション
●カバーデザイン 若林繁裕

第1章

****

相手に好印象を与えるにはコツがある

〜「また会いたくなる人」「二度と会いたくない人」の違い

レッスン1

❖わざわざ敵をつくってはいませんか？

ビジネスの現場には、〝競争の原理〟がはたらいています。業界内での競争があり、社内での競争があります。ライバルに勝たなければ、すなわち敗者となり、敗けがこめば出世も報酬も期待出来なくなるという恐怖のジレンマがどこかしらついて回ります。

上司も部下に競争をあおります。

部下同士も、お互いに競争を意識しています。

こうした環境に置かれることは、人間として心地よいかといえば、けっしてそうではないでしょう。

利害や打算を、胸に秘めていること自体、無意識であっても緊張し、ストレスをためていきます。

無意識に緊張を強いられる状態とは、交感神経のはたらきが活発化しており、副交感神経がはたらくリラックス状態とは、対局に位置するものに他ならないのです。

この無意識の緊張こそが、知らぬ間に敵をつくってしまう正体でもあるわけです。

「目は口ほどにモノを言い」――という言葉がありますが、ビジネスの現場では、あなたの心の状態があなたの〝目〟や〝表情〟に宿ります。

まったく意識していないのに、コンマ0秒の世界で、あなたの目は相手に対して〝挑む〟ような視線を送っていたりするのです。

そして、表面上あなたは意識して穏やかな表情を作ろうと努力します。

しかし、相手も一瞬のあなたの目を、無意識にもキャッチしてしまいます。

この瞬間の動きに、相手とあなたとの本質的な関係性が表されているのです。つまり、あなたが瞬間的にも、挑むような目をしたことは、実は相手にも伝わっているのです。

もちろん、目だけではありません。目の表情を作る眉や鼻、口などの顔全体もその影響から逃れられませんから、相手に対するあなたの心の状態がその瞬間に表情として示されたことは間違いないのです。

そのあと、どんなに愛想のよい作り笑いをして、相手に話しかけたとしても、この瞬間の記憶を相手が無意識下に刷り込んでしまっていたなら、会話も態度もぎこちなくなって、どこか波調が合わない人と思われてしまうのです。

潜在意識とは、いうなれば〝動物脳〟のことを意味します。

眠っている時でさえも、自律神経をはたらかせて、体温調節から呼吸、心臓の搏動までもコントロールしてくれ、外界からの音や振動、風や温度に対しても敏感にキャッチして、生態維持を司っています。

動物は、他の動物と遭遇した時に、この潜在意識（無意識・動物脳）で敵か味方かを瞬時に識別して、倒すか逃げるか、ほうっておいても大丈夫かなどを判断します。

このようなはたらきこそが、本能行動ですから、人間でも同じことなのです。

人対人の出会い頭の時には、こうした無意識下の本能行動から逃れられないことを知っておいてほしいのです。

したがって、出会いの時、あなたは努めて意識の力で「この人は大切な人、私にとって大切な人」と呪文を唱えることが必要になります。

そうすることで、少しでも潜在意識にメッセージを送り、相手を〝敵〟や〝ライバル〟と思わないよう、本能行動をも抑制してあげるべきなのです。

表面的には笑顔を取り繕っていても、本音を覆い隠すのは容易ではありません。

出来るだけ、本能（潜在意識）自身が、心から喜んでいるべく、コントロールする習慣

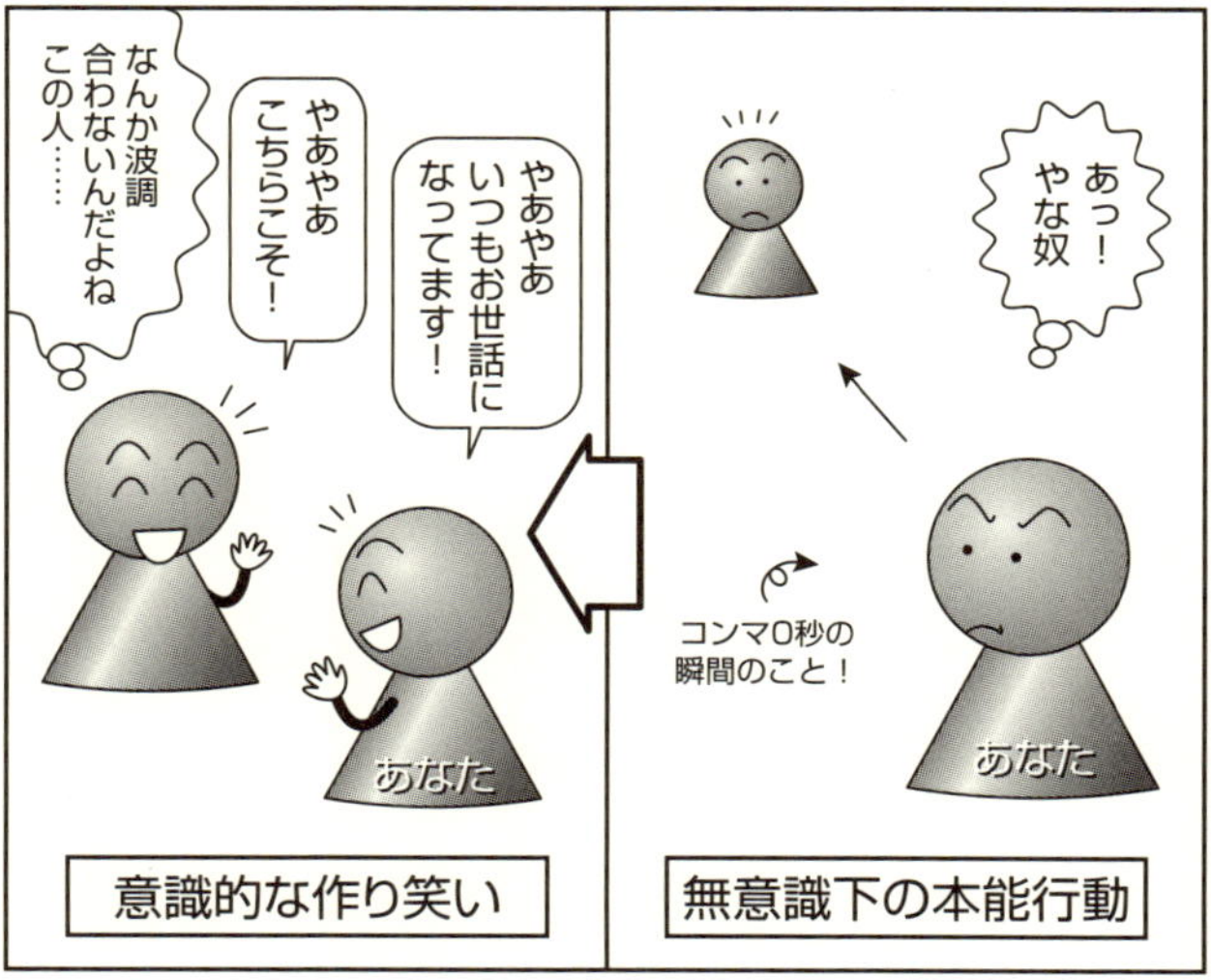

をつくっておくことが大切なのです。

　飼い犬は、主人の顔を見ると、ちぎれんばかりに尻尾を振って歓迎の挨拶をします。

　こういう状況、すなわち飼い犬のような人懐《ひとなつ》っこさをこそ目指すべきということなのです。

　飼い犬が外部の人に見せる警戒のそぶりといったものは、極力排除しなければならないのです。

　人と会う時は、こうした教訓を忘れないよう心掛けてほしいのです。

　でないと、あなたの心の状態が、相手に容易に見破られて、警戒されてしまうからに他なりません。

レッスン2

❖ネガティブな自分から脱却しよう！

誰もが〝先入観〟をもっています。

「あの人は、私のことを嫌っているに違いない」

「あの人は、私に敵意をもっているに違いない」

こうしたマイナスの先入観があればあるほど、こういう人と接する時には、無意識にも緊張してしまいます。

これでは、あなたの態度はぎこちなくなり、相手も何かしらの違和感を覚えることにもなるでしょう。

前項でふれたように、わざわざ敵をつくっているようなものでもあります。

もちろん、先入観は、今までの接触の積み重ねで出来上がってきたものですから、潜在意識にもしっかり刷り込まれており、いくら意識の力で払いのけようと思ってもなかなかむずかしいものでもあります。

前項で提唱したように、「この人は大切な人、私にとって大切な人」と呪文をかけるが如くに意識しても、本能行動を十分コントロール出来ない場合もあるでしょう。

では、もっと付け加える方法はないでしょうか。

もちろん、あります。

そういう人に会う時には、あらかじめ大きくゆっくり深呼吸することからはじめるとよいのです。

そして全身の力を抜いてみます。

人は緊張すると、本能行動として、呼吸が荒くなり、浅い息をするようになります。

さらに全身の筋肉が硬直し、身構えるようにもなっていきます。

そこで、深呼吸の繰り返しと、筋肉弛緩の体感作用によって、潜在意識に影響を及ぼしてやり、「この人は大切な人、私にとって大切な人」という意識作用と相乗させ、とても優しい、ゆったりとした人間的な心持ちへと変化させるわけです。

これは、ドイツの精神科医Ｊ・Ｈ・シェルツ博士開発の自己催眠誘導法である「自立訓練法」に準拠した方法で、緊張感をときほぐす為のテクニックでもあります。

潜在意識（動物脳のはたらき）は、意識だけでなく、体感によって、いっそうその影響を受けるものですから、今は緊張するべき時ではない——という体感メッセージを送ってやることが大切なのです。

だからこそ、こんな体感作用をはたらかせると、少しでも潜在意識をリラックスさせ、安定した心の状態へと導くことが可能になるわけです。

※ポジティブ思考を同時に行なう！

こういう工夫によって、苦手な人、イヤな人などといった緊張させられる相手への最初のアプローチを行なっていきましょう。

常に相手と対話する時には、ゆっくりと深呼吸を繰り返しながら、落ち着いている自分、冷静な自分を、その都度意識していくことが大切なのです。

また、相手の要求や意見に対しても、思考をすぐさまネガティブにとらえないようにする習慣を身につけておくことも必要です。

ものすごく厳しい要求を突きつけられているな、と感じたら、この人は私を鍛えようとして言ってくれているのだな――と、すぐにポジティブ変換して考えるような習慣です。

そんな無茶な仕事はとても引き受けられないな、と感じたら、駄目で元々だからやってみようか――などといった具合に変換するわけです。

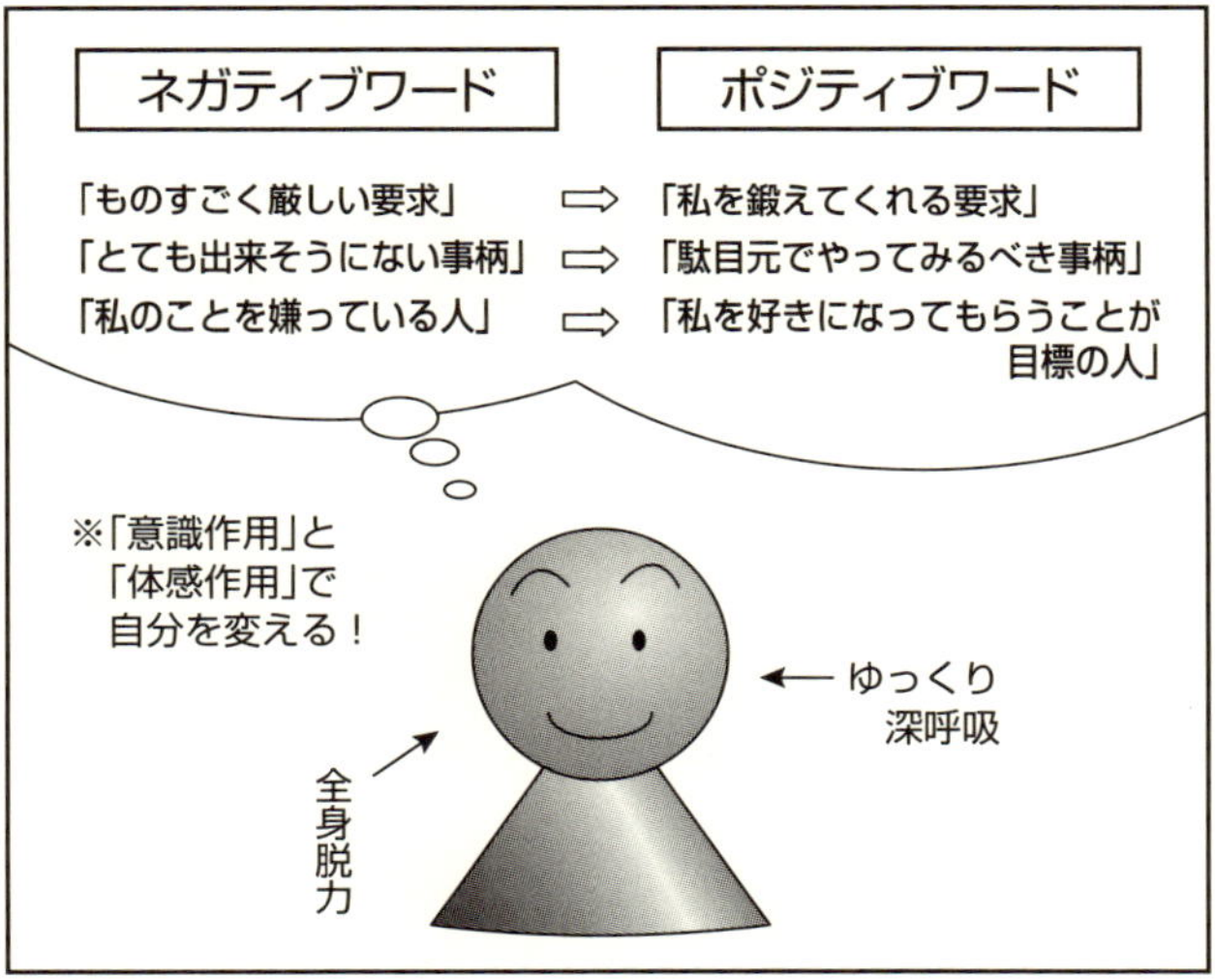

考え方のスタイルをポジティブに変換して受けとめながら会話をしていくと、相手に対する違和感や拒絶の意思が、とりあえずは受けとめてあげよう——というふうに優しい落ち着いたものに変わっていきます。

すると、あなたの表情にもゆとりや余裕が生まれてくるのです。

つまり、はじめにもっていた先入観を打ち消して、少しでも白紙の状態で相手と向き合う自分を作り出せるというわけです。

むずかしいことではありません。

ちょっとした工夫で、潜在意識はコントロール出来るのです。

深呼吸と脱力作用に加え、ポジティブ思考が効くのです。

レッスン3

❖強力なインパクトを与える挨拶こそが決め手だ！

一般のマナーブックには、〝明るい表情や態度での挨拶が肝心〟ということが書かれています。

日本人が照れ性だからでしょう。

しっかり、相手の目を見て、アイコンタクトをとり、明るくさわやかな笑顔で、きちんと挨拶しましょう——と提唱しているのです。

これは当たり前すぎます。

しかし、当たり前のことすらちゃんと出来ていないという指摘もなされています。

たしかにその通りなのです。

朝の会社での挨拶しかり、取引先に赴いての挨拶しかり、初対面時での名刺交換を兼ねた挨拶しかりです。

ろくに相手の顔も見ず、口先だけでそれらしい言葉を発し、交換した名刺さえしげしげと見つめることさえ行なわずに、そそくさとしまっていたりといった光景をよく見かけます。

ビジネスの現場で、人との接触を惰性的に繰り返すうちに、誰もが陥ってしまう悪しき慣性でもあるのです。

だからこそ、努めて明るい表情でのしっかりとした挨拶を心掛けましょうという提唱になっているわけです。

しかし、明るい表情で挨拶をしたからといって、それは〝感じのいい挨拶をする人〟という評価を得ても、それ以上でもなければそれ以下でもないでしょう。

挨拶をする時、とりわけ初対面時の挨拶のケースでは、同時にインパクトが伴わなければはじまりません。

ぐっと何かが迫ってくる感じで、引き込まれるようなパワーにたじろぐぐらいのとでもいいましょうか。

食らいついてくるような、意気込みこそを、相手に感じとってもらわなければならないのです。

お行儀よく——というよりも、快活で元気のよい、個性的な挨拶こそが大事なのです。

それでこそ、相手側は、こちらの人間性への強烈な興味や関心をかき立てられるといっても過言ではないからです。

※挨拶に付け加えるひとことを考えておこう！

この人には、ぜひともお目にかかりたかった――という人に出会った時のことを考えてみれば、よくわかることですが、初対面時にその感激や喜びが現れるものでしょう。

真剣勝負で、自分のことを本当に気に入ってもらいたいと思っていればこそ、気迫が違ってくるものなのです。

そういう意味でいうならば、明るく元気な挨拶もさることながら、そこに自分の今の気持ちをダイレクトに表現出来なければはじまらないのです。

挨拶という第一印象形成の最たる場面でこそ、相手の承認欲求を一発で満たしてしまうようなあなた自身の言葉を用意すべきなのです。

「今日、○△さんにお目にかかるのが嬉しくて、数日前からドキドキしていました」

「今日は、○×さんにお会い出来るのを喜んで、○△を用意して参りました」

「お目にかかれて感激です。○×について△○さんほどお詳しい方はいないと伺っておりましたので」

「今日、○×さんにお目にかかれることを、天に感謝して待ちわびていました」

挨拶には感情表現を伴うインパクトが大事！

感激です！
嬉しいです！
天に感謝して
おります！
お目にかかり
たかったですぅ〜っ！
あ、こりゃ
どーも……
こ、こちら
こそ……
なんか、気迫ある
なあ……この人……

いかがでしょうか——。

「嬉しい」「喜んで」「感激」「感謝」といったプラス評価の感情表現が必ず入っているでしょう。

こういうセリフを熱意を込めて、挨拶言葉のあとに続けて言えるかどうかが、初対面時の出会い頭に重要なのです。

なぜ、そんなに自分に会いたかったのだろうかと、相手が自分に関心をもってくれる人を意識した瞬間、あなたへの興味や関心も生まれるのです。

強烈な印象として記憶に残ることは間違いないでしょう。

レッスン4

❖余計なひとことを言う癖をなくそう！

誰しも、自分のことが大好きです。

自分のことを知ってもらい、認めてほしい気持ちでいっぱいです。

だからこそ、自分のことを聞かれると、ペラペラとつい余計なことまで喋ってしまいます。

こういう人は注意が必要です。

おだてに乗せられるほどに何でも喋りたくなるからです。


「いやあ、経済に詳しいだなんて（笑）、ちょっと株をやってるもんですからね。まあ、結構儲けてるほうですよ。最近は新興国の株式が面白いですよ、やっぱりこれからは、中国、インドあたりがいいんじゃないすかねえ」

「いやあ、そんなに私、堅物じゃあありませんよ。しょっちゅうキャバクラなどの夜の店にも遊びに行きますし、今度ご一緒しませんか？　あはは」

こんな具合に、自分のことになると、あけすけに語り出します。

すでに、この段階で相手が株式投資に興味があるかどうかとか、夜の歓楽街に関心があるかどうかなどはおかまいなしになっているのです。

ひたすら株で儲かった話や、夜のお店でいかに女のコにモテるかなどを自慢したいだけというわけです。

他にも、ついうっかりと自分のマイナス点をポロリと打ち明けてしまう人も見かけるでしょう。

「昼食はもっぱらジャンクフードですましてるんです」

「上司にいつも怒られるようなヘマばかりやってるんです」

「うちの家はもう散らかり放題でね、ひどいもんですよ、ゴミ屋敷どころかゴミ３ＬＤＫ状態です」

「若い頃には、私も結構浮気してましたねえ」

「インチキ投資話に引っかかっちゃったことがあるんですよ」

「態度の悪い新入社員は、ソッコーでツブしてやるのが一番ですよ」
「酔っぱらって顧客リストを電車の網棚に置き忘れ、紛失したこともありますよ」
「領収書を改竄《かいざん》して経理に出したらバレちゃったことがありましてね」
「私、漢字の読み書きとか自信ないんで、レポート書くのが一番苦手なんですよ」

こういうことを平気で言って、相手が面白がるとでも思っていたら、大間違いです。自分の信用を落とすだけです。

自分の飾らない人柄をアピールしたつもりなのでしょうが、聞いた人間は引いてしまいます。

こういう常識はずれの人間なんだ——と人間性を即座に疑われるでしょう。内容がお粗末であるために、人格そのものを下げるのです。

たしかに、自分の失敗談や弱点を語ることによって、親近感をもたせるというコミュニケーションの手法もありますが、あくまでもそれは〝内容によるもの〟だということを忘れてはなりません。

相手は、「へーそうですか」と、しきりにうなずいて聞いていてくれたとしても、この

※人間としてのレベルの低さを露呈すると〝致命傷〟になる！

程度のレベルの人間なのだということがわかってしまうと、急速にその人に対する興味や関心が失われていくでしょう。

「社会人としてのバランスを崩しているな、この人は」

こう相手にドン引きされると、二度と会いたくない方向に気持ちが傾くのがふつうです。

自慢話にしろ、失敗談にしろ、これを話したら、どう思われるのか――を客観視出来ない人は、こういう誤ちをしばしば犯し、レベルの低い人間としてのレッテルを貼られることになるのです。

レッスン5

❖挨拶に続けて「見たままのほめ」を言う！

コミュニケーションを良好にしたいのなら、相手をほめろ――というセオリーがあります。

しかし、何をほめたらよいのか、見当がつかないという人も多いでしょう。

たしかに、下手なほめでは、ほめられたほうも面食らうだけです。

見えすいたお世辞やおべんちゃらのように聞こえるほめでは、周囲も白けさせます。

では、挨拶のあとにどんな言葉を続けると、感じのよいほめになるのでしょうか。

「あ、髪短くしたんですね」

「そのジャケット、颯爽としてますすね」

「いつも元気溌剌《はつらつ》なノリですね」

「いい柄のネクタイですね」

「素敵な靴ですね」

こんなふうに、ごくごく軽く、見たままを言えばよいのです。

これだけで、相手に関心をもっている自分を印象づけられるからです。

関心をもたれて、人は悪い気はしないでしょう。

あるいは、次のようなものでもよいでしょう。


「今日はまたいつにも増して元気なんじゃない？」

「何かいいことあったでしょう？」

「今日は特別のオーラが出てますよ。何かあるのかな？」


こんなふうに言うだけでも、言われた相手は嬉しくなります。

自分のことをことさら気にかけてくれたというその気持ちが、心弾ませるからです。

これぐらいなら、お世辞を言っているという意識をもたずともサラリとふることが出来るのではないでしょうか。

もともと、会話中の相手に対して、ほめを言う場合でも、大上段に構えて言うほめでは相手を白けさせます。

「田園調布に豪邸を構えられ、大変な資産家だと伺っていますよ」

「小学校時代から大秀才で、東大を出られたあとハーバードにも留学され、今は○△大学の教授というのですから素晴らしいご経歴ですねえ」

「絶世の美女というのは、あなたのような方のことを言うのですね」


こんなことをもし、あなたが言われたとしたら困るでしょう。

「いえいえ、とんでもないです」

それで終わってしまいます。

言われたほうも軽く謙遜出来るようなほめでなければ、あとの会話が続けられなくなるからです。

※軽いほめを随処に取り入れるほど好印象になる！

つまり、ほめは軽いものほど会話を盛り上げますが、大上段に構えたほめでは会話を重くする一方だということなのです。

軽いほめを繰り返したほうが好感度が上がる！

こんにちは！
やっ、髪切ったんだね
エヘ♡
よく気づいたわね、この人……

軽いほめということならば、相づちも立派なほめになっているでしょう。

「なるほど、そりゃスゴイ！」
「それ、素晴らしいですね！」
「いやあ、勉強になります」
「そんな素敵なアイデアをよく思いつきましたね！」

短くてもよいから、相手を肯定してあげる言葉は、相づちであろうと何であろうと立派なほめに通じているわけです。

日頃から、街を歩く人々を見て、心の中で片っ端から、すばやくほめを言う癖をつけておくとスキルも上がってくるのです。

レッスン6

❖相手の名前を会話に入れる！

名刺交換をしてから、しばらく会話を続けたのち、おもむろに机のほうに身を乗り出したかと思うと、あなたの名刺を眺めてから、

「ええっと、山崎さんでしたね。あのですね〜」

などという人に会ったことがあるでしょう。

はじめに挨拶し、名刺交換した時に、しっかり名刺を見ていなかったために、目の前にいるあなたの名前さえろくに覚えていなかったというわけです。

こんな感じで名前を呼びかけられても、嬉しくはないでしょう。

相手と挨拶した時には、相手のすべてに集中し、観察し、分析するぐらいののめり込みの意欲をもっていないとこうなるのです。

このような態度が意味するものはひとつ――。

あなたにとって、私は、どうでもよい相手なのですね――という判断になるでしょう。

名刺交換をしても、名刺をしっかり見つめて、どういう人なのかをきちんと頭の中に整

理しておかないとこういうことになるのです。

名刺交換をしたのちに、相手の名刺の内容を記憶に留めるために、名刺をチェックするポイントは次の3つです。

1、本人の氏名……どう読むのか。漢字の構成で何かの意味を表していないかをチェックする。頭の中で文字を書いてみる。心の中で音を出して読んでみる。

2、社名と肩書……最近は、所属部署が重なっていたり、何を意味するのかわからないカタカナ英語が連なっていたりするので、ゆっくり意味を考えながら読み、わからなかったらすぐ質問する。

3、会社の住所……どこに所在があるのか。駅ならどこかなど見当をつけ、土地勘があれば、どのへんなのかをイメージする。具体的に電車の駅名を尋ねてみるのもよい。

このように、名前を一番に覚え、社名と肩書き、住所の順に、注意を集中し、イメージをふくらませ、関連する事柄があれば一緒に記憶するように努めます。

ただ、ぼんやりと何も考えずに名刺を眺めるだけでは、何も記憶に残らないのは当たり前ですから、しっかり何かのイメージと関連づけて覚えるようにすることです。

出来れば、はじめは名刺をネタに、いくつか質問して会話を続けるようにすると記憶も深まります。

※すぐに名前を呼ぶようにする！

次に大切なことは、出来るだけ、会話の頭に相手の名前をつけて、頭の中の漢字のイメージとともに、相手の姓を呼びかけるようにするとよいのです。

頭の中に漢字を浮かばせるようにするのは記憶をより確かなものにするためです。

たとえば、「オイカワさん」でも「追川さん」「及川さん」など、いろいろと漢字の違う人もいますから、漢字のイメージで呼びかけたほうが記憶に残るからなのです。

そして、何か具体的イメージに関連づけてみるのも面白いでしょう。

川まで追いかけるイメージ、川まで及んでいるイメージなど何でもよいのです。

名前の話題だけでも盛り上がれる！

徳増さんとおっしゃるんですか素晴らしいお名前ですね。ご一緒させていただいていると、私まで徳が増していくような気が致します
いやはや名前負けしてますよ私なんか

漢字はひとつひとつの文字が意味をもっていますから、それを頭に浮かべたり、視覚化するだけでも記録に残ります。

「追川さんは、人生を川にたとえると、それをどこまでも追いかけるイメージかな。つまり求道心の高い人と言い換えられる」

こんなふうに心の中で解釈するのでもよいでしょう。

こうして、呼びかけを多くすると、相手は自分の人格を尊重されている感じが強まるのです。

結果として、名前で呼びかけてくれる人は好印象となるでしょう。

レッスン7

❖ほめ上手に乗せられそうになった時の対応術！

世の中には、「聞き上手」の人がいます。

こういう人は、とてもほめや、相づちがうまいものです。

名刺交換の場面から見てみましょう。

前田「はじめまして、前田豊夫と申します。よろしくお願い致します」

鈴木「こちらこそ、鈴木でございます。前田さんのお名前すごくいいですねえ。目の前の田んぼを豊かにするなんて素敵ですねえ。こんなにいいお名前はどなたがおつけになったんですか？」

前田「いやあ、父が知り合いのお坊さんのところに相談に行ってつけたと聞いております」

鈴木「あ、そりゃあスゴイ。やっぱり違いますねえ、こうして漢字を拝見しているだけでも、バランスがいいし、きっと姓名判断の字画数もいいんでしょうね？」

前田「あ、はい、姓名判断の本など読みますと、全体的なバランスとかが、そこそこいいみたいですねえ」

とまあ、前田さんは、最初からいきなり乗せられてどんどん喋っています。

鈴木さんは、前田さんの名刺を見て、姓と名の意味合いをとっさに結びつけられたので、すかさず名前のほめにかかったわけです。

この例のように、姓と名が漢字の意味合いで結びつけられるように構成された名前というのは、意外にあるものですから、少々こじつけであっても結びつけて素敵な解釈にすると、ほめにもつながります。

ちなみに、こうした名前のつけ方は〝読み下し命名法〟と呼ばれ、江戸時代の領主達からの伝統でもあるのです（徳川家康や豊臣秀吉などが有名）。

一度話題にしておけば、相手の名前もしっかり記憶出来る利点もあって、一石二鳥の効果につながります。

さて、ここで注意して見ておきたいのは、ほめと一緒に質問されると、乗せられて喋ってしまうということです。

人は、質問されると、つい反射的に答えなければと思ってしまうものなのです。きっと、子供の頃から身についてしまった習慣でもあるのでしょう。真面目な人ほど、そうなります。

通常の議論の場合にも言えることです。

相手からの一方的攻勢にさらされているという守勢の場面などで、「どうしてそれはそうなるのですか?」「なぜ、そう決めつけるのですか?」「それはどういう意味なのでしょうか?」などと質問してあげると、それがそのまま切り返しにもつながります。

質問されると、反射的に人は答えなければと考え、相手の意向を受け入れるがままに、相手方にそのまま主導権を握り返される場面にもなるわけです。

議論の場合でなくても同じことなのです。

つまり、巧みなほめを繰り出すと同時に質問を併せてすると、会話の主導権が難なく握ることが出来てしまい、相手からのさまざまな情報を次々に仕入れてしまうことも出来るというわけです。

いつの間にか、自分ばかりが喋っていたということに気づいた時には、すでにこちらは丸裸にされていたということだってありうるでしょう。

ほめ上手にかかると丸裸にされてしまうことも！

※ほめられたら「ありがとうございます」で受けとめる！

相手からほめを繰り出され、一緒に質問されたからといって、一生懸命答えようとしていたのでは、最後はいいように扱われてしまいます。

あなたの主体性、独立した人格を印象づけるためには、ほめられた時に大仰に照れて否定したり、相好を崩してデレデレしてはいけないのです。

「ありがとうございます」とキッパリ受けとめて、安定した人格の持ち主であることを示すべきなのです。

そうすれば、会話もスムーズに発展していくのです。

レッスン8

❖いつでもベストコンディションを大切に！

前の晩遅くまで酒を飲み、翌朝二日酔いの状態で、通勤電車に揺られて会社に行くというのはつらいものがあります。

ああ、休みをとって家でゴロゴロしていられたら、どんなに楽で幸福だろうか——と思う瞬間でもあるでしょう。

しかし、こんな状態では、会社に着いたのち、上司や同僚、部下への朝の挨拶を出来るだけ快活にしなければ、と頭で考えていても、体のほうはついていきません。

きっと、額には脂汗が浮かび、引きつった表情になっていることでしょう。

朝一番に得意先との商談などが入っていたら、さらに苦しい事態を迎えます。

あなた「おはようございます。あの……、申し訳ありません。ちょっと二日酔いで……」

得意先「あ、そうでしたか、いやあ、そりゃあ、おつらい時にこちらこそ申し訳ないですねえ」

などと、得意先に甘えるような格好となって、みっともないことおびただしいでしょう。

これではもちろん、好印象は築けません。

酒癖の悪い、だらしのない人物という見方が定着してしまいます。

おまけに、酒臭い息を漂わせていたのなら、なおのこと悪印象を残します。

人は生理的嫌悪感を催させると、潜在意識の記憶に鮮明に刻まれるからなのです。

得意先接待で盛り上がったから仕方がなかった――などという言い訳は通用しません。

商談の相手は、今日の面会予定を知りながら、平気で前夜深酒をしていたことに不快感をもつことでしょう。

今日の自分という面会相手は、〝どうでもよい人間〟として相手に扱われたという思いを強くするからです。

人と会う時にはベストコンディションでなければならないのです。

ベストコンディションでなければ、本来人と会うべきではないということなのです。

そのへんを勘違いしてはいけません。

コンディションが悪くて、人と会うなり「ちょっと風邪気味でして、ゲホッ」などとやられたら、感染《うつ》されるのではないかと気が気ではなくなります。

ビジネスパーソンたるもの、おいそれと風邪などひいていてはいけないのです。

いつも、自分の健康管理に気を配っておく――こうした自己管理をきちんとしている人こそ、好印象になるからです。

※自己管理のよく出来ている人ほど立派に見える！

人が他人に与える影響度について、その構成比を明らかにしたメラビアンの法則は、最近よく知られるようになりました（１９７１年に米国の心理学者アルバート・メラビアンが提唱した法則で、話す言葉の意味内容以上に、話し手の服装や態度などの見た目という視覚的要素や、話し方・声の調子など聴覚的要素のほうが影響度が高いという説）。

視覚的要素……55％
聴覚的要素……38％
言語的要素……7％

表情や態度、話し方がなってないとすべてが台無しに！

したがって、話し手がだるそうな表情だったり、ひどく疲れたような声を出していると、喋っている内容がどんなに立派で、まともなものであっても、相手の胸には響かなくなるのです。

むしろ、印象に残るのは不誠実、不真面目、だらしがない、品性が感じられないといったマイナス評価だけが印象に残ることになります。

常に、明日、明後日《あさって》のことを考えて日々の行動を律していかないと、とんでもない事態、取り返しのつかない場面を迎えかねないのです。

日頃から、自己の体調管理には、十分気をつけていきましょう。

レッスン9

❖「ドンマイ精神」で心もリセットしよう！

前項では、体調管理の重要さを説きました。

ここでは、もうひとつ大切な、心の管理の重要さについてもふれておきます。

人は、何かで失敗したり、他人に心ない言葉を投げかけられると傷つきます。

こんな時、真面目で責任感の強い人ほど、落ち込んでしまいます。

何でこんなミスをしでかしたんだろう——などと自分を責め、後悔の念にいつまでもとらわれ続けるのです。

こういう心の状態を引きずることが、よいわけはありません。

しばらく冷静に自分なりに反省し、原因と結果について分析して、そのマイナス効果を認識したなら、まずはリセットすることをおすすめしておきます。

落ち込んで暗い顔をしていたり、浮かない表情でボーッとしていても、もはや何も解決しないからです。

英語でよくいう〝**ドンマイ**（Don't mind ＝気にするな・心配するなの意）〟を自分自身

に言い聞かせるべきでしょう。

団体スポーツをしている人なら、仲間がミスをした時に、落ち込まないよう、すかさずこんな声のかけ合いをしているでしょう。

この言葉を自分にかけてやるべきなのです。

クヨクヨしていたって始まらない――。

終わったことは、もはやどうしようもない――。

いつまでも過去にこだわらずに、前を向き、未来に向かって歩んでいこう――。

こういうメッセージこそが、〝ドンマイ〟という言葉に率直に表されているものはないでしょう。

それでもまだ、くよくよと、あれこれ気にかかるという人は、**〝ケセラセラ**（Que sera sera ＝なるようになるの意。スペイン語由来）〟という言葉を自分にかけて、開き直ってみるのでもよいでしょう。

「まあ、しようがない。あとはなるようになれさ。ケセラセラだ」

こう言って、やはりしっかりリセットすべきなのです。

いずれにせよ、何かとんでもない失敗、重大なミスなどによって、大きな損害を出したり、他人に迷惑をかけてしまったら、誰だって気に病むのは当然です。

しかし、責任を痛感し、しかるべく謝罪をしたり、ミスの補填《ほてん》を終えたなら、それをいつまでも引きずっていてもはじまらないのです。

あなたの前には、とめどなく明るい未来がひろがっていることをしっかり認識しておくべきでしょう。

浮かない表情で、誰かに逆にドンマイと言われるようでは駄目なのです。

失敗をしても、それを乗り越えて明るく前進していこうという表情を自ら作っていかなければなりません。

前項でふれた〝メラビアンの法則〟を思い出して下さい。

あなたが他人に与えるメッセージは、発する言葉の意味内容よりも、あなたの表情や態度といった見た目の要素や、声の調子、声の強弱といった要素のほうが多くを伝えるのです。

心の中で「ドンマイ、ドンマイ」と呪文を唱え、心をリセットしておかないと、次に会う人にまでも、あなたの暗い心の状態を伝えることになってしまいます。

何度でも、心の中で繰り返してみて下さい。

ドンマイ精神が新たなエネルギーを宿してくれる！

先程は大変失礼致しました！今後は気をつけて参ります！
ドンマイ！ドンマイ！
ドンマイ！ドンマイ！
ドンマイ！ドンマイ！
うむ！
大丈夫そうじゃの、よしよし頑張ってくれよ

実際に独り言としてつぶやいてみるのでも効果があります。

鏡を前にして、ニッコリ笑って繰り返せばもっとよいでしょう。

心理学者ジェイムズ＆ラングの説によれば、「人は悲しいから泣くのではない。泣くから悲しくなるのだ」ということになります。

楽しいから笑うのではなく、笑うから楽しくなるとも言えるわけです（フェイシャル・フィードバック効果）。

さあ、ドンマイ精神を心に刻んで、ニッコリ口角を上げて笑顔を作ることを忘れないで下さい。

過去は戻ってこないのですから。

第2章

相手に自然に好印象を与える技術

～人が惹きつけられる時、魅了される時とは？

****

レッスン10

❖ページング(同調行動)の原理を覚えておこう！

心理学では、相手の心に共鳴し、近づいていくのにページング（同調行動）が有効だと説いています。

ページングとは、文字通り相手のペースに合わせることをいいます。

上司「山田くん、ちょっと。大至急で悪いんだけど。この数字は私の試算とどうも合わないんだがね、これでいいのか、本当に？」

部下「はっ、部長。どこの部分でしょう。えっと、ここですね。はい、大丈夫です。ここは何度もチェック済みですから」

上司が、何かしらあわててこのように尋ねてきた際、部下もすばやく対応するのがふつうです。

何しろ上司自身が「大至急で悪いんだけど」と、言葉でも補い、急ぎの用件であることを告げているのですから、部下のほうも機敏に対応するのが道理でしょう。
ここで、部下が次のようにのんべんだらりと、否定的に応じたら上司は怒り出すことになります。

部下「はあー？　部長、何をそんなにあわててるんですかあ、私の計算が間違ってるとかおっしゃるんですかあ？　それって、私がもう何べんもちゃんとチェックしたものなんですよお。部長のほうこそ計算が間違ってると私は思いますけどもねえー」

上司「いいから、早くここを見てくれって言ってるんだよ！（怒）」

このような対応の仕方を、ディスペーシング（反同調行動）といい、相手のペースに逆らうわけですから、上司はその態度に怒りを覚えるのです。
一般に、好意的な相手には、無意識のうちにペーシングするのがふつうで、そうでない相手に対しては、無意識にもディスペーシングするものです。
こうしたことは、幼い時から、自分以外の人と接する経験の中から自然と身につけた行動でもあります。

嫌いな人に対してや、自分を抑えつけようとする相手に対しては、人は無意識にも反発や反抗を企てたくなるものですから、ページングがしにくくなると言い換えてもよいでしょう。

したがって、明確なディスペーシングでなくとも、少しでもこちらのそうした兆候が窺《うかが》われると、相手は疑念や不信を覚えるのです。

ページングやディスペーシングは、言葉だけでなく表情や態度、口ぶり、話しぶり、行動といったすべての人間の表現分野が関わってきます。

メラビアンの法則が、ここでも効果的にはたらいているといってもよいでしょう。

次の3つを覚えておくべきなのです。

1、ミラーリング……鏡に映るように相手の動作をさり気なく真似していくと共鳴心理がはたらきます。相手が髪に手をやったら、あなたも髪に手をやります。相手がコーヒーをすすったら、あなたもすかさずコーヒーをすするのです。

2、チューニング……相手が嬉しそうな雰囲気を醸していたらあなたも嬉しそうにしてあ

ディスペーシング（反同調行動）は相手を怒らせる！

※ペーシングが十分でないとコミュニケーションは不完全なものに！

げます。

意気消沈して悲しそうな雰囲気ならあなたも同じように沈うつな表情や態度が必要です。

3、マッチング……相手の話し方、スピード、声の大小、口調や強弱に合わせてあげます。早口の人には早口で、ゆっくりな人にはゆっくりとです。

こういうポイントを押さえて、人と接するようにすると、相手はあなたを「なぜか波調の合う人」と思うようになるのです。

レッスン11

否定語を肯定語に変える習慣をもとう！

物事を否定的にとらえて見るのは簡単です。

誰にでも出来ることですし、しみつきやすい悪い習性でもあります。

そして、否定的なことばかり言う人のところには人は寄りつきません。

なぜでしょうか――。

近づいた自分までもが否定されるのではないかと、誰もが無意識に恐れと不安を覚えるからに他なりません。

否定的なことばかり言うAさんと、否定的なことばかり言うBさんの2人が、何かの事柄で否定的な見解で共鳴し、否定的な意見をお互いに披露し合う場面も同じようなことになります。

最初こそ、否定する心理が一緒で盛り上がっていても、やがてお互いに否定的なことを言い尽くしてしまうと、離れてしまうものなのです。

物事というのは、何でも否定していくと、必ず最後はどうにもならない局面、すなわち袋小路に入り込みます。

つまり、それ以上の発展的否定というのはありえませんから、そこから先にすすめなくなるのです。

そうなると、それまで滅茶苦茶に否定してきた二人の間にも変化が生じます。

否定的な話を続けようとしても、すでにネタが尽きていますから、その先は否定的なとらえ方の些細な違いに言及して否定していくしかありません。

つまり、あとは目の前の相手の否定的見解を否定するよりなくなるというパラドックスに陥り、お互い居心地が悪くなるわけです。

こうしたことを考えると、否定するという行為は、一時的なストレス解消にはなるかもしれませんが、永続的な効果はないということです。

否定的な事柄を言うよりも、肯定的な見方を示したほうが、人々はそこに未来への希望を見出すことが出来るでしょう。

同時に、ポジティブな発想をする人を頼もしく思い、前向きな姿勢に好印象すら抱くのです。

否定語をついつい使ってしまうという人は、努めて意識して、否定語から肯定語に変換する習慣をつけておく必要があるのです。

「あいつはケチだよ」などと人の悪口を言って、否定的見解を同じくする仲間を見つけようとするのではなく、「彼はなかなかの倹約家で大したものだよ」と、プラス評価のほめに変換する癖をつけるようにしたいというわけです。

★「安っぽい・チープな」→「お手頃な・リーズナブルな」
★「変な」「変わった」「おかしな」→「個性的な」「特徴的な」「珍しい」
★「大人しい性格」→「堅実な性格」
★「平凡な」→「なかなかの」
★「狭い・小さい・窮屈な」→「コンパクトな」「かわいくまとまった」
★「馬鹿げた・馬鹿馬鹿しい」→「なかなかユニークな・異なる世界観の」
★「冷酷・非情」→「切れ味鋭い・おごそかな・シャープな判断」
★「強引」→「パワフル・統率力に秀でた」
★「老けた・年寄り臭い」→「落ち着いた・渋味のある」
★「優柔不断」→「思慮深い」「熟考型」

"否定話"は常に"肯定語"に変換して使おう！

もうちょっと冷房の効いてる
席にしてもらえませんか？
私、デブで暑がりなんで
失礼致しました！
お客様の
ように堂々と
され、恰幅の
よろしい方には
不適切なお席でございました
申し訳ございません

※適切な変換が常に行なえることが、品格を物語る！

★「旧態依然」→「伝統的価値観・守りに徹した」

とまあ、いくつかの変換例を見て頂いただけでも、なるほどとうなずけるものがあるでしょう。

こういう表現を常日頃から使えるように、いつも頭の中に浮かんだ否定語を、肯定語に直すというトレーニングが大事なのです。

得意先の工場に出向いてあまりの騒音に、思わず顔をしかめ、「すごく騒々しいですねえ」などと言っているようではいけません。

「活気のある生産の響きがいいですねえ」などと言えれば人格が光ってくるでしょう。

レッスン12

❖格言や名言をサラリと言える人になろう！

人生に失敗はつきものです。また、折々の悩みも多々存在することでしょう。こうした負の感情に陥らされる出来事と私たちは無縁ではありませんが、あなたは気分が落ち込んだ時に、確実に解消する手立てというものをおもちでしょうか。

ある人は、イヤなことがあったら、さっさと寝ればよいといいます。翌日にはイヤなことの大部分が忘れられるからです。

また、ある人は、とにかく酒を飲み、酔っぱらって愚痴をこぼせば、ストレスもかなり解消出来るといいます。

他にも、趣味に没頭する、スポーツに興じるというのもあるようですが、人間落ち込んでしまうと、悩みにばかり気をとられて、なかなか他のことをやろうとする意欲も湧きません。

症状のひどい人は、何日もの間、心の中が暗い影に覆われて過ごさざるをえないという場合もあるでしょう。

映画やTVを観る気もしないぐらい、弱ってしまうといった状態です。

そんな時、著者は、格言集や名言集をパラパラとめくってみることをおすすめしています。

名言、格言は、小説やエッセイなどと比べて、はるかに短い言葉で表現されています。

たった一文で、人生の真理や逆説、物事の道理や教訓が示されているわけです。

そんな名言・格言の類をパラパラやっていると、やがてハッとさせられるような、今の自分の心境にピッタリの箴言《しんげん》に出会えたりするのです。

すると、発想の転換が出来、今までベースとなっていた自分の既成概念から解放され、新しい価値観に目覚め、勇気と自信が湧いてくるといったこともあるでしょう。

いわば心の中で、パラダイムシフトが起こるわけなのです。

何かで落ち込んでいる時に、発想の転換を促す為に、つぶやくとよい諺や格言には、どんなものがあるのでしょうか。

次のような格言が、昔からよく知られているのです。

「朝が来ない夜はない」「案ずるより産むが易し」「明日は明日の風が吹く」「生きてるだ

けで丸儲け」「失敗が人を作り、歴史を生み出す」「急がば回れ」「終わりよければすべてよし」「希望なきところに努力なし」「雲の上はいつも晴れ」「正直は最善の策」「心配は身の毒」「急いては事を仕損じる」「情けは人の為ならず」「棒ほど願って針ほど叶う」「負けるが勝ち」「丸い卵も切り様で四角、物も言い様で角が立つ」「柳のように曲がれ、樫のように抵抗するな」「夜明け前が一番暗い」「若い時の苦労は買ってでもせよ」「弱気は最大の敵」「禍《わざわい》転じて福となす」「笑う門には福来る」……etc。

こんな言葉を自分だけでなく、他人に対してもプレゼント出来るようになると素敵ではないでしょうか。

「〝**失敗は成功の母**〟というじゃないか。松下幸之助氏はこう言ってるぞ。〝**成功する為の秘訣は、成功するまでやめないこと**〟だと。一度や二度の失敗は〝**若いうちの苦労は買ってでもせよ**〟という言葉の前では屁でもないことだろう」

近年、話題になった銀座の筆談ホステス斉藤里恵さんの言葉なども、若い人向けに使う

名言や格言は心によく効くクスリになる！

〝人生いたるところ青山《せいざん》あり〟
〝人間《じんかん》万事塞翁《さいおう》が馬〟
という言葉を贈ろう！
ハッ！
ガバッ
そ、そうか……
いたるところ青山……
塞翁が馬なんだ……ジーン！

※人間《じんかん》というのは、人間のことではなく世間のことをいいます（中国の古書「淮南子《えなんじ》」より）。

と喜ばれるでしょう。

「難題のない人生は〝無難〟な人生。難題のある人生は〝有り難い〟人生」

「チャンスは貯蓄できない」

「〝努力する〟か〝諦《あきら》める〟か、どっちかしかないよ。人間に選べる道なんて、いつだってこの２つしかないんだよ」

「失って困るものは何も無い。だって本当に大切なものは失われないから」

　こんな言葉を沢山覚えることで自分を励まし、周囲を明るく鼓舞することが出来るのなら、素晴らしいことでしょう。

レッスン13

❖悪口や噂話を巧みに転換しよう!

会社という組織に属していると、さまざまな人間模様が浮き彫りになってきます。

非常に仲の良い関係もあれば、イケ好かない関係、不倶戴天《ふぐたいてん》の敵同士といった関係もあるでしょう。

もちろん、あなたは出来るだけ、ややこしい人間関係にならないようにと、誰とでも友好的に接していきたいと思っている筈です。

しかし、ややこしい人間関係を既につくってしまっている人は、そんなあなたに寄ってきて、誰かの悪口や噂話を仕掛け、あなたを自分の仲間に引き入れようとするものなのです。

あなたが、煮え切らない気持ちで「へー、そうなの？　ふーん、知らなかった」とだけ答え、無関心を装おうとしても、そういう人は執拗にあなたに食い下がります。

「なあ、ひどい奴だろ。そう思わない？　思うだろ？　だったら、はっきりそう言えよ」

などと迫ってくるので困ります。

その場しのぎと思って、こういう手合いに同意して「うん、そう思う。まったくひどい奴だね」などと言おうものなら大変です。

「○×も言ってたけどさ、ホントにひどい奴だよな」

いつの間にか、あたかもあなたが、最初に悪口を言い出した張本人のように語られてしまいます。

悪口に同意すると、同意者リストに名前が載せられるだけでなく、下手をすると悪口を言い出した張本人、発起人代表にまでさせられかねないのです。

回り回って「きみはアイツのことがそんなに嫌いなのかい？」などと誰かに尋ねられてから、しまったと思っても遅いのです。

その頃には、あなた自身が悪口をふれ回った犯人にまで仕立てられているのですから。

文句を言いたいと思っても、話が独り歩きするほど恐ろしいものはないのです。

したがって、どんなことがあっても、誰に迫られようとも、他人の悪口や噂話に同意したり、一緒になって盛り上がったりしてはいけないのです。

犯人にされてから「冤罪《えんざい》だ！」と叫ぼうにも、叫びようがなくなるからです。

※興味がないとして他の話題に転換するワザを身につけよう！

同　僚「島田部長ってさ、営業２課の山口みどりと出来てるって話知ってるかよ？　よくやるよなあ、あの顔で。以前結婚退職した経理の中野早百合とも出来てたんだぜ。俺たちにはエラそうにしてるけどさあ、バケの皮剥《は》がしてやりてえよなあ」

あなた「へえ、知らないなあ。それはともかく、うちの業績今月は前年比で10％以上アップしてるって知ってたかい？　ようやく新製品効果が浸透してきたからだと思うけど、先日Ａ社に行ったら、急に反応がよくなってきたんで驚いたよ」

同　僚「え……？」

このように、質問されると誰もが「知ってる」か「知らない」で答えざるをえなくなりますが、「知らない」と否定で返すとともに、何の脈絡もない話を、「それはともかく」としてこちらのほうを話したいとばかりに無理やり喋り出してしまえばよいのです。

しかも、その話題に対して「知ってるかい？」とこちらも質問形をとるのです。

こうすると、相手もつられて、はじめの話を転換せざるをえなくなるから不思議です。

「興味がない」反応を示し「興味がある話」を押し通す！

A部長ってさあ、ハゲでデブで馬鹿のくせに偉そうに怒鳴ってくるから頭くるよな？
そう思うだろ？
へーよく知らないけどそれはともかく！
きのうの大リーグ中継見た？松井選手ってホントにスゴイよな、俺大ファンだからさあ

あるいは、レッスン12で取り上げた古今の名言や格言、諺の類をまったく相手の話の脈絡と関係なく始めるでもよいでしょう。

同　僚「鈴木課長ってさ、すごい馬鹿なんだぜ。漢字読めないいんだよ」

あなた「〝古池や蛙飛び込む水の音〟って諺が浮かんだんだけど何でだろう？　どうしてかな？」

同　僚「え？」

あなた「あ、わかった。松尾芭蕉だ。〝石山の石より白し秋の風〟って句があるじゃん。奥の細道だよ。知ってるかい？」

同　僚「え？……」

レッスン14

❖失敗談を上手に活用するコツ！

「あの人は、博識なだけでなく、意見も斬新でシャープだよね」

「彼は完璧なジェントルマンだよ。身のこなし、話し方にも品格がある」


こんな評価を下される人に、自分もなってみたいな、などと思うものでしょう。

しかし、一方でこんな評価を勝ち取っている人でも、別の風評があったら興冷めではありませんか。


「でもね、何か、近寄り難い人なんだよね」

「たしかに、自分に対しても厳しいんだろうけど、周囲に対しても厳しそうだよね」


つまり、人間的な温かみや親しみといった魅力が感じられないというわけです。

最近は、上司が部下と〝飲みにケーション〟をする機会も減ったといわれるだけでなく、同僚同士も〝飲みにケーション〟を行なわなくなったとよくいわれます。

アルコールの開放効果を借りて、職場の人間同士が胸襟を開いて語り合うといった機会が減っていますから、どうしても人間関係がしっくり馴染みにくいといった弊害もあるのでしょう。

コミュニケーションには、それなりに時間がかかりますから、職場での無機質なやり取りだけでは、人間関係が打ち解けるまでには相当難しいものがあるのです。

あなた自身が「○×さんは近寄り難い」「○×さんは苦手なタイプだ」と思う以上に、相手も同様にあなたのことを、そう思っているということだってありうるでしょう。

あなたは職場に、軽口を叩いたり、冗談を言える相手が何人ぐらいいますか。

自分の身近な周囲を見渡してみても、ほとんどいないようだったら要注意です。

あなたが周囲に対して、馴染めない感覚の人が多ければ多いほど、あなた自身が周囲からそう思われていると考えるべきだからです。

※雑談上手になる為にこそ〝プチ失敗談〟を披露しよう！

コミュニケーションを深める為には、〝雑談〟が出来る相手を作らなければなりません。

雑談とは、文字通り雑多な会話のことであり、仕事上の用件など、何かの目的があって語り合う対話とは全く違うものです。

雑談には目的などないからです。

目的はありませんが、雑談から生まれるものは大きいものがあります。

お互いが、打ち解けた会話を交すことによって、安らぎや信頼感、安心感といったものが生み出されるからです。

会社の中で、雑談ばかりやっているように見える人もありますが、そういう人は、意外にも相当な人たらしのコミュニケーターであったりするものです。

雑談に紛らしながら、きちんと仕事上の詰めまで行なってしまう〝達人〟だって存在することを忘れてはいけません。

雑談上手になる為には、まず自分のほうから〝プチ失敗談〟を披露してみせるのがよいでしょう。

「きのう、買ったばかりのブランドの傘を電車の中に置き忘れちゃったよ」

「両面コピーを取ったと思ったら上下逆さまになってたんだよ」

〝プチ失敗談〟で雑談出来る相手をつくろう！

きのう銀行のATMでお金をおろすのを忘れたまま定食屋に入り、カードは使えませんと言われてあわてちゃいましたよ
あ、私も同じような経験ありますよ
○×カードのみしか使えないという飲み屋に入っちゃいまして

※小さな失敗体験が親近感を醸成する！

「携帯電話を便器にドボンで一巻の終わりにしたことがあるんだ」

「部長から、応接室へのお茶出しを頼まれてつい〝はーい、よろこんでー〟って居酒屋バイトのノリで答えちゃって、大いに笑われたよ」

こんなところから、人間臭さを漂わせてみることをおすすめしておきます。

もちろん、気をつけなければならないのは、レッスン4で指摘したように、相手がドン引きするようなことは、たとえ〝プチ失敗談〟のつもりでも言ってはいけません。

誰にでもありそうな失敗談でなければならないのです。

レッスン15 「叱る」よりも「ほめる」がファンをつくる!

上司が部下のミスを叱ったり、態度を改めるよう意見する場面がありますが、叱られても、意見をされても、面従腹背《めんじゅうふくはい》で屁とも思わない人物を見かけることがあります。

心の中で反発し、反抗心をたぎらせていくタイプといえるでしょう。

しかし、こんな手合いとわかっていても、言うべきことは言わないと上司の面子は立たなくなります。

下手をすると周囲の人たちから、「あの上司はあの部下が恐くて怒れないんだ」とか「あの上司は気が弱いから駄目」「あの上司は、自分より部下のほうが仕事が出来るので卑屈になっている」などと、さまざまな風評が立ってしまうでしょう。

もちろん、面従腹背な部下でなくとも、多くの部下は、上司に叱られて嬉しい筈はないのです。

ミスをしたのを本人が痛感していればなおさらのことでしょう。

部下も面子が立たないことを気に病むのは当然なのです。

叱られることによって、それを励みとし、何クソと頑張るようなタイプはもとより少数派であり、そんな人でも、いつもいつも叱られていると最後は反発心を募らせるか、あるいは逆に心が折れてしまうのです。

人は叱られるのが大嫌いなのです。

束縛され、自由を奪われる制約を感じるがゆえに、抵抗したい気持ちがムクムクと湧き上がってしまうのです。

昨今は「人は叱るより、ほめて育てるべきだ」などと人材育成法などではよくいわれます。

では、叱らなければならない場面で、どうやってほめたらよいのかを知っておきましょう。

※先に叱ってあとでほめる方法が効果的！

次のような場面を見て下さい。

上司「お前、まだA社への見積書作ってなかったのか。A社の部長がどうなってるんだと、俺のところに苦情を言ってきたんだぞ。いったい、どういうつもりだ。お前は仕事をやる気があるのかっ！」

部下「申し訳ありません……（反発心）」

上司は怒って当然です。しかし、部下のほうにも見積書作成が遅れるにあたって、何かしらの事情があったのかもしれません。

もちろん期日厳守が当然のビジネス社会では、そんな言い訳があとから通用するほど甘くはありません。

ただし、頭ごなしに叱ることで、部下の反発心や反抗心を徒らに醸成するというのも上司としては得策ではないのです。

こんな時には、先に叱って、あとでほめるという、心理学の「系列内位置効果」を覚えておくとよいでしょう。

上司「A社の部長から、見積書の催促があったぞ、駄目じゃないか、期日を厳守してくれなくちゃ。仕事が早くて正確だという今までのきみの高い評判を保つようにしてく

先に叱って、あとでほめると意外にも好印象に！

駄目じゃないか、このスットコドッコイが！
申し訳ありません……（反発心）
このスットコドッコイが！お前が今まで築いてきた高い評価を崩すなよな
申し訳ありません……（ニャグ～♡）

れよ」

こう言えばよいのです。

米国の心理学者ジョン・R・アンダーソンの実験で「けなしてからほめる」「ほめてからけなす」「ずっとけなす」「ずっとほめる」の4つのケースのうち一番印象が悪いのが「ほめてからけなす」なのです。

次が「ずっとけなす」「ずっとほめる」であり、「けなしてからほめる」というのは意外にも最も好印象だったことがわかっているのです。

心理学の「親近効果」によって最後の言葉が、記憶に残りやすいからなのです。

最後に「ほめる」のをお忘れなく。

レッスン16 ❖相づちをうまくできる人は好印象を与える!

「聞き上手は話上手なり」という格言があります。

また「口はひとつに耳はふたつ」という教訓もあります。

いずれも、人は自分のことが大好きで、自分のことなら何でもダラダラ話してしまいがちになる態度を、戒める為の言葉になっているわけです。

自分が話すよりも相手により多く話させるように仕向けると、好印象がつくれるものです。

もちろん、その為には、こちらの対応が上手でなければなりません。

相手に興味のない話をダラダラ続けられると、こちらは退屈になってきます。

「つまんない話をする人だなあ」などと思ってしまうと、それはてきめんにあなたの表情や態度に表われてしまうものです。

目が相手の顔のほうに向けられずに、チラチラと宙を泳いでしまったり、体の向きまでもが、斜め横になるといった具合です。

こういうノンバーバル（非言語）な反応を示されると、相手はイヤな印象を抱きます。「私の話は、浮わの空でしか聞いていないんだな。もう話すのはやめようかな」となって、話は途切れてしまうでしょう。

せっかくいい気持ちで話していたのに、会話が途切れてしまう、白けたムードが漂ってくる——もちろん、こんな状態を招いた責任は面白くない話をしていた相手よりも、あなたのほうにあるのです。

相手の話を面白くする為の努力を怠り、先に退屈してサジを投げてしまったのがあなたのほうなのですから。

会話を始めたら、「おもてなしの精神」を発揮しなくてはなりません。

相手の話に興味や関心がもてないと思っても、あなたの聞き方次第では、もっともっとお互い有意義な内容にすることだって出来る筈なのですから。

それが出来なかったのは、ひとえに「聞く力」を発揮することが出来なかった、あなたのスキル不足、サービス精神の欠如にあるのです。

※相づちはバリエーション豊富だと喜ばれる！

聞き上手の人の話に耳を傾けてみると、実によいテンポとタイミングで、さまざまな相づちの言葉をはさみながら、しっかり相手の顔を見てうなずいたり、笑ったり、体全体で相手の話を受けとめていることがわかります。

ここで、参考までに相づちの種類を見ておきましょう。

共感型相づち……「なるほど」「そうなんだ」「わかるわかる」「ほほう」「同感だね」
賞讃型相づち……「そりゃスゴイ」「さすが」「立派だねぇ」「それは素晴らしい」
驚嘆型相づち……「ええっ、そう」「やっぱり」「驚きだねぇ」「そいつは大変」
催促型相づち……「それでそれで?」「で、どうなった?」「というと?」
謙遜型相づち……「勉強になります」「肝に銘じます」「私などには及びもつきません」

いかがでしょう。

この他にも、相手の言葉をそのまま繰り返し使うことで共感の情を示すオウム返しの相づちというのもあるでしょう。

「というわけでものすごく大変でね」と言う相手に対し、「そりゃあ、ものすごく大変で

〝聞き上手〟は〝相づち〟を打つのが上手！

ほうほう
そりゃスゴイ
それで
それで
アハハ
なるほど
なるほど
いやあ
勉強になり
ますねえ
さすがですね
いやあ
それでさ
○△□って
わけで……
あーたら
こーたら……
上機嫌
〝もてなし上手〟の人たらし

すねえ」などと応じるものです。

相手の感じた事柄を、相手の使った言葉でもう一度繰り返してあげるのですから、相手の気持ちに寄り添った感じが余計強まるのです。

このように、話し手がもっともっと沢山喋りたくなるように仕向けていけば相手は喜びます。そうして盛り上げていく中、あなたが興味・関心のあるキーワードについて質問すれば、あなたの満足度も高まるわけなのです。

相手の興味・関心のある話題と自分の興味・関心のある話題をうまくすり合わせていくことが出来るようになればなるほど会話は続いていくのです。

レッスン17

❖「です」「ます」をはっきりさせると信頼される！

「自信のない話し方」と「自信のある話し方」があります。

どんなふうに喋ったら、自信がないように聞こえるのでしょうか。

「私は、坂本一郎と申しますが、高校の数学教師を20数年勤めており、近年のゆとり教育の弊害というものを、教育の現場でつぶさに実感してきたところでございます」

こんなふうに長々と続けると、言わんとすることがボケてくることがおわかり頂けます。

せっかく貴重な経験をもっていても、何だか遠慮がちな論評になり、当人の自信が今ひとつ伝わってこないでしょう。

意外ですが、こういう話し方をするのは学校の教師や営業マンといった、日常的に〝喋ること〟を専門としている人に多いのです。

どうしてそうなるかと言えば、頭の中に話したいことが山ほどある人ゆえに、次々と自分の持っている知識や情報を無意識に詰め込んでしまう傾向がある——というわけです。

逆に言うと、いっぱい詰め込み、話の中身をてんこ盛り状態にしないと不安な心理という背景が窺えるのです。

これでは説得力がかえって落ちてしまうのです。

自信を感じさせる喋り方は、短文になっています。

「私は、坂本一郎と申します。高校の数学教師歴20数年になります。近年、ゆとり教育の弊害がよくいわれます。私は教育の現場でつぶさに実感して参りました」

こう言うと、論旨が明解になり、聞き手の頭も混乱しなくてすみます。

ひとつひとつ、言いたいことがはっきりしていますから、順を追って言葉の意味するところを噛みしめて聞けるようになるからです。

頭の中に浮かんだ次々話したいことを、そのまま無意識につなげることなく、意識的に短文で区切って話そうとするからこそ、こうした歯切れの良さとなって、聞き手にも混乱なく受け入れられるのです。

※「です」「ます」の強調でさらに信頼感が増していく！

短文にするだけでなく、文章の締め括りである最後の「です」「ます」を強調してはっきり言うことで、さらに話し方にメリハリがつくことを知っておきましょう。

「私は坂本一郎と申しますが～」では、話が終わらず、次に何が飛び出すかがわかりません。

「私は坂本一郎と申しますが、父は教育評論家としてテレビにもよく出演している坂本○×なんです」

となれば、私よりも父親で教育評論家の坂本○×の話をしようとしているのかなと思えるでしょう。

「です」「ます」で、一文が終わりであることを知らせないと、聞き手は話し手が何を言いたいのかを確定することが出来ない——ということなのです。

「私は坂本一郎です。教師をしております。父は教育評論家の坂本○×です。テレビにも出演するのでご存知の方も多いでしょう。これから少し、父について話させていただきます」

こういうと、「です」「ます」で区切られる度に論旨も明解になるのがわかります。

だからこそ、「です」「ます」の部分を強調して言い、一文を閉じることで聞き手は安心

文を短く、「です」「ます」を強調すると信頼感が増す!

私は田中真一です。
彼女いない歴6ヵ月です。
趣味はB級グルメです
安くておいしい
お店いっぱい知ってます。
ぜひ一緒に行きませんか?
まあ! 単刀直入で
わかりやすくて素敵だわ♡

するのです。

政治家がよく街頭演説を行なっている場面に遭遇することがありますが、スーッと話の内容が耳に入ってくる時には、例外なく一文が短く、しかも末尾の「です」「ます」がはっきりしています。

ダラダラと文を続けて話しているような人は、結局言葉が散乱し、論旨がぼけてきますから、何を言いたいのかがわかりにくくなるのです。

聞き手をわずらわせずに、すんなり意味内容を伝えたいのであれば、文は短く、「です」「ます」でしっかり区切って話すことがとても重要というわけです。

これが好印象につながるのです。

レッスン18

❖ハーフクエスチョンで話をひろげよう！

質問が下手だと会話が続かなくなります。

「どんなお仕事をしてるんですか？」

「ご趣味は何ですか？」

「好きな食べ物って何ですか？」

これらは一般に**オープンクエスチョン**といわれる質問の仕方です。

自由に答えることが出来る開放的な質問というわけです。

「お仕事はおもちですか？」

「お仕事は営業系、事務系、技術系のどれになりますか？」

「ご趣味はおもちですか？」

「和食と洋食、中華のどれが一番お好きですか？」

こちらは、限定して質問する形式で**クローズドクエスチョン**といわれるものです。

「はい」「いいえ」で答えるか、選択肢のどちらかを選んで答えるしかない質問です。

会話のキッカケ作りにはオープンクエスチョンがよく、相手が答えに窮するようなら、クローズドクエスチョンにするとよいと、会話術の本などにはよく書かれていますが、そうそう簡単にこれで会話がひろがるとはいえないのです。

女性「お仕事は何をなさってるんですか？（オープンQ）」
男性「営業の仕事をやってます」
女性「というと、外回りとかが多いんですよね？（クローズドQ）」
男性「そうですね。毎日外回りです」
女性「じゃあ、きっとお忙しくて大変なんでしょうね？（クローズドQ）」
男性「そうですね。忙しいです」
女性「ええっと……」

オープンクエスチョンで尋ね、クローズドクエスチョンに切り換えていった例ですが、会話は尻すぼみになっています。
とりわけ、クローズドクエスチョンになってからは、まるで相手にすがりつかんばかりとなって、会話を続けようと四苦八苦している様子が窺えます。

このあとも会話を続けようということになると、女性のほうは別の話題に転じ「休日とかって何をなさってるんですか？（オープンQ）」などと新たに尋ね、またまたクローズドクエスチョンで追い込んでいく形になるのかもしれません。

もともと無口な人を相手にすると、骨が折れるのです。

あたかも警察官が被疑者を訊問《じんもん》しているかのようにさえなってしまうのです。

結局、質問するということは、こちらが主導権を握り、相手に答えさせるという形式ですから、口の重い人を相手にした時には話も展開していかなくなるのです。

そんな時に覚えておきたいのが**ハーフクエスチョン**で振るという手法です。

半分質問のようでいて、半分質問ではないような、答えても答えなくてもいいような、つまりどっちでもよい尋ね方なのです。

女性「お仕事とかって大変ですよねえ（ハーフQ）」

男性「そうですねえ、仕事しないとゴハンが食べられませんから」

女性「そうですよねえ、ゴハン食べるためには仕事するしかないんですよねえ（ハーフ

ハーフクエスチョンなら、気楽なムードでいける！

営業って
外の空気が吸えて
いいんですよねえ
そうですねえ
会社の中にずっと
いるのは窮屈ですものね

※答えを強要する感じがなくなるので雰囲気も穏やかに。

男性「まあ、不労所得とかがあれば別なんでしょうけども……」

女性「不労所得って言葉、何か憧れちゃいますよねぇ（ハーフQ）」

男性「何しろ、働かなくてもいいんですから最高の境遇ですよねぇ（ハーフQ）」

いかがでしょうか。

質問しているというより、お互いが独り言をつぶやくように空に疑問を投げかけている感じになっていきます。

こうすることで、お互いリラックスして会話をつなげることが出来るのです。

第3章

****

相手から好感をもたれるちょっとしたコツ

～周囲の気配りひとつでファンは増えていく

レッスン19
❖効果的な挨拶メールの送り方！

近年は、電子メールという便利なツールのおかげで、用件を伝えるにあたってもいちいち電話や手紙といったアナログ対応をしなくてもすむようになっています。

とりわけ、携帯メールは猛烈に活用されているでしょう。

大学生の間では、携帯メールアドレスの「友達」としての登録者数が４００〜５００名に達する例も珍しくないそうです。

また、携帯メール中毒の人は、メールが来たらすぐ打ち返すというのが習慣になっており、返さないと「友達」ではなくなるという不安感にとらわれて、一日40〜50本ものメールを打ち返すといった、極度に携帯メールに依存している人もいるようです。

その為、携帯バーチャル空間での友達付き合いが優先され、リアルな現実空間での友達付き合いが出来なくなっているといった弊害までもが指摘されています。

こうなると、ちょっと恐ろしい話なのです。

何事もほどほどにと申し上げておきましょう。

さて、ビジネスの現場では、名刺交換をしますが、今や名刺には会社のホームページや仕事で使う個人のメールアドレスなどが記載されています。

その場合、メールアドレスをどう扱うかは人によっても異なるでしょう。

メールを送る必要性を感じなければ、そのままほったらかしの人もいるでしょうし、登録だけはすませておくという人もいます。

しかし、せっかく携帯メールという便利なツールをもっているのです。

コミュニケーションを深める方向で活用したほうがよいでしょう。

メールアドレスは即登録し、挨拶メールを送ったほうが、あなたの好感度もアップするというものです。

では、どんな文面がよいのでしょうか。

「○×様。本日はお忙しいところ、貴重なお時間を頂戴し、ありがとうございました。先程頂いたお名刺のメールアドレスを早速登録させて頂きました。今後とも何卒よろしくお願い申し上げます」

これで十分なのです。

相手は、このメールによって、もう一度あなたのことを思い出し、商談の時に植え付けられた印象を、再び脳裏に焼きつけることにもなるでしょう。

※用件や本文書き出しのマナーを知っておく！

ところで、メールのやり取りを一日に10数件行なう人にとっては、メールの用件欄も重要な意味をもってきます。

受信メールの用件欄に「ありがとうございました」「こんにちは」「先程の御礼」「お世話になります」「何卒よろしく」……などと記されていると、何のことだかわからないといったことにもなりかねません。

「先程の御礼」などとあっても、一日10数人の来客と面談するような人だと、「先程？あなたは誰？」ということにもなるのです。

恋人同士のメールならいざ知らず、ビジネスメールの用件欄に、いきなり感謝や挨拶、謝罪や依頼の言葉を書いてはいけないのです。

シンプルに本文の内容を表す題名をこそ書かなければなりません。

先の挨拶メールの用件欄ならば「アドレス登録のご報告」になりますし、他には「工場稼働日程の件」「○×のお知らせ」「○△についての回答」といったように、シンプルに具

用件欄には本文内容にふさわしい題名を書く！

なんじゃコリャ？

「ありがとうございました」

何の礼だよ。

コッチは何だ？

「先日は失礼しました」

コレは何だ？

「ごめんなさい」

何謝ってんだ？

「お世話様」

わけわからんなあ……


体的であることが望ましいわけです。

また、本文の書き出しにあたっては、挨拶の前に必ず、「山田様。」などと記すほうが好感度は高くなります。

会話でもそうですが、個人名で呼びかけられるほど、人は自尊心が高まることが知られているからです。

「山田様。先日は製品出荷日程をご調整頂き、誠にありがとうございました。つきましては〜」

こんな感じで、本文を始めるだけでも好印象がえられるわけなのです。

レッスン20

❖会話中に携帯チェックをしたことはありませんか？

商談中に相手の携帯電話が鳴り、「あ、ちょっと失礼」などと言われたかと思いきや、相手がいきなり携帯電話に出て、こちらを無視して平気で話し始めたという経験をおもちの方は少なくないでしょう。

初訪問で赴いた大事な得意先の前でなら、当然マナーモードに切り替えていたのでしょうが、何度も商談を繰り返し、親しくなった関柄だと、このような無作法を平気で行なう人が出てくるものなのです。

「ちょっと、あなた商談中に携帯鳴らしたり、電話に出ちゃうなんてマナー違反もいいところでしょう。金輪際やめてくれませんか」

まさか、こんな注意を受けることなど、よもやあるまいという、甘ったれたなれ合い精神が、こうした行為をさせてしまいます。

注意されないからといって、こういうことを続けていると、確実に目の前の相手は不快感を募らせていくでしょう。

何しろ、この行為は、目の前にいる人より、携帯をかけてきた人のほうが大事なんです――こう表明しているのも同然だからです。

どうしても、商談中に緊急の電話が入ってしまうと予想される場合で、あらかじめ相手に断ったとしても、おすすめ出来る行為ではありません。

「ものすごく重要な用事」というのだったら、どうぞそちらを優先して下さい。

こちらの仕事はどうせあなたにとって重要ではないでしょうから、お目にかからなくとも結構です――とでも言われたらどうするつもりでしょうか。

したがって、商談中は、いかなる用事であろうと、目の前にいる人を袖《そで》にしてしまう、このような行為は、一切許されないことと、心得ておきたいものなのです。

※宴会の席でのメールチェックや携帯通話もマナー違反！

商談中はともかく、お酒を飲んで歓談している場なら構わないと思っている人は多いものです。

あるいは、一対一で飲んだり食べたりしているのではなく、複数での宴会なら、全く気にすることはないと思っている人はかなり多いのではないでしょうか。

はっきり言って、もちろんこれもマナー違反です。

複数人いるからといって、全員がやったならどうなるでしょう。

「はい、もしもし、ああ、はいはい。ええ、そうですか。ごめんなさい。ここ、ちょっと騒がしいところにいるものでして、お電話が遠いようなので、もう一度おっしゃって頂けませんでしょうか」

こういうことを聞こえよがしに言われたら、周囲はムカつきます。

何を言ってるんだ。

ここは楽しい宴席だぞ、騒がしくて悪かったな、そんなことを言うぐらいなら、お前のほうこそ、外に出て行って話せばよいだろう――こういうふうに周囲の人は考えます。

通話こそしなくても、皆の談笑の輪に加わらずに、携帯メールをチカチカ打ち続けていたり、送られたメールをニヤけて眺めているなどという構図もあるでしょう。

「心ここにあらず」で、一人だけ自分の世界に浸っているわけです。

そんなに携帯メールのやり取りが大事なら、みんなで盛り上がるべき宴会などに出てくるなよ、ということになるでしょう。

このような周囲を無視する態度は、当然ながら周囲の人達の承認欲求を満たしません。

携帯は通話もメールも人前でやるものではない！

マナー違反というより、自分さえよければそれでよいという、迷惑行為に他ならないからです。

電話の声は、とかく大きくなりがちですし、聞きたくもない話を、無理やり聞かされているという苛立ちも募ります。

ゆえに、誰も口には出さなくとも、大いに顰蹙《ひんしゅく》を買うもの——と覚えておいたほうがよいのです。

ちょっとぐらいなら、これぐらいなら、限度さえわきまえていさえすれば……などという甘えは禁物なのです。

自分のほうをないがしろにされたという思いは、みんなの潜在意識にしっかり記憶されるのです。

レッスン21

❖「無理はしないでね」は魔法の言葉！

日本人が他人を励ます時に使う言葉で一番多いのはこれでしょう。

「頑張れ」「頑張ってね」「とにかく頑張れよ」「何が何でも頑張れよ」

とまあ、こんなに「頑張れ」と言われても、何を頑張ればよいのでしょう。

「頑張る」を広辞苑で引いて見ますと「我意を張り通す。どこまでも忍耐して努める」とあります。

自分がやろうと思ったことを、ひたすら貫けよ、辛い事があっても我慢してやり通せよ、というわけですが、簡単に安易に使っている割には、重すぎる意味があるようです。

近年では、「うつ」の人には「頑張れと言ってはいけない」ということが定説としてひろがってきました。

「うつ」の人は、すでに頑張りすぎている為に、「うつ」になっているわけなので、これ以上「頑張れ」といわれても、もはや力尽きてしまって、どうしてよいのかわからない状態です。

だから、「頑張れ」という励ましは、追いつめるだけの効果しかないから、百害あって一利なしということになっているのです。

「頑張れ」と励まされ、「はい、頑張ります」と答え、奮起して頑張れるのは、「つらさ」や「辛抱」の度合いが、軽い時という他ないのです。

実際、何かに一生懸命取り組んでいて、もはや息も絶え絶えレベルぐらいに頑張ってきた人に、さらに「頑張れ」と励ますのは酷というものでしょう。

むしろ、「頑張れ」という言葉を一応かけておいたということで、かけたほうは、一種の免罪符を得ているだけともいえるのです。具体的な提案や援助は何ひとつしない「傲慢さ」「無責任性」を覆い隠す為の、便利な言葉になっているというわけです。

となると、真剣に頑張っている人に「頑張ってね」などという言葉をかけるのは、実に欺瞞的《ぎまんてき》行為ということになります。

当の頑張っている本人からすれば、そんな言葉はどうでもよいから、ちょっと手伝ってくれないかあ、具体的なバックアップ策を打ち立てて支援してほしいよ――などと、心の中でつぶやいて、こちらへの〝突っ込み〟を行なっているかもしれません。

もうちょっと、人を励ます時の適切な言葉というものを、「頑張って探しなさいよ」と非難されているかもしれないわけです。

反省しなければなりません。

具体的なお手伝いをしないでおいて、高見の見物よろしく、囃《はや》し立てているだけだったのですから。

※相手の気持ちをいたわる言葉こそがオアシス効果になる！

では真剣に頑張っている人に対峙した時には、私たちはどんな言葉をかけてあげるのが正しいのでしょうか。

相手の置かれた状況や困難度を推し量って、その気持ちに寄り添ってあげることが一番適切といえるでしょう。


「何か手伝おうか？」

「何か手伝えることはないかい？」

“真剣に頑張っている人”に“頑張って”は禁句！

何か手伝ってほしいと頼まれれば、もちろんすぐに応じてあげることが大切です。

しかし、大抵ここで、真剣に頑張っている人ほど、断ってくる確率も高いのです。

「自分の力でやり遂げたい」——こうした強い意志をもっているからこそ、こう言うのです。

「ありがとう、でも大丈夫。自分で出来るところまでやってみたいから」

頑張る人ゆえに、こんな答えが返ります。

あなたに出来ることは**「無理はしないでね。何か手伝えることがあったら遠慮しないでいつでも言ってね」**——といった気遣いを見せることに尽きるわけなのです。

レッスン22

❖「感謝の心」をしっかり表す大切さ！

毎年ビジネス街での春の訪れを感じさせるものに、真新しいスーツに身を包んだ、まだ幼な顔を残した新入社員の姿があります。

緊張と不安と期待の入り交った表情には、何ともいえない初々しさが光っていて、自分のフレッシュマン時代をふと思い出したりする人もいるでしょう。

各種のアンケート調査によると、最近の新入社員は「打たれ弱い」というのも特徴のひとつのようです。

頭ごなしに叱ったりすると、極端に落ち込んでしまい、いきなり出社拒否に及んでしまったなどという例も報告されているぐらいです。

リーマンショック以降の未曾有の不況下での、厳しい就職戦線を勝ち抜いてきた人達という割には、心が折れやすい繊細な若者像でもあるわけです。

ある会社のA部長は、そんな新人に気をつかい、叱るよりもほめて育てようと決心したといいます。

今まで、部下に対しては、どちらかというと厳しく接してきたA部長が、突然新入社員にだけは態度を改めたので、部下達は目を丸くして驚いたのはいうまでもありません。ちょっとした用事を新入社員に命じるのでも、「山崎くん、すまないけどね」と当たりを柔らかくするクッション言葉を入れ、さらに新入社員が用事を済ませると「やあ山崎君。ありがとう。さすがだね、しっかり出来ていて、いいぞ」などとほめるのですから、周囲はびっくり仰天しました。

そのうち、この部署で何が起こったかというと、今まで上司に厳しく扱われてきて、不平不満のひとつも言わなかった部下達が、A部長への尊敬の念を薄め、陰で口々にA部長批判を始めるようにさえなってしまったといいます。

幸いだったのは、新入社員の山崎くんに対しては、山崎くんの腰の低い態度のせいもあって周囲の反感や嫉妬を買うことも、イジメられることもなかったということでした。

さて、いったいこの職場では何が起こったというのでしょうか。

実は、この職場では心理学でいう「暗黙の強化」という現象が起きてしまったのです。

「暗黙の強化」とは、衆人の中で特定の一人だけがいつも叱られていると、他の人達全員がほめられたような気分になり、逆に特定の一人だけがいつもほめられていると、他の全員が叱られているような気分になることをいいます。

A部長は、今まで鍛えあげてきた部下達に対しては、特別ほめもせず、感謝もせずに接してきて、部下達もそれはそれなりに納得していたのですが、A部長が新入社員の山崎君にだけ気をつかっている様子を見て、不信感を募らせたというわけです。

私たちは、家族や職場の同僚など、よく見知っている人に対しては、お互い心の内がわかっているという気安さから、いちいち気をつかって感謝の言葉を述べたり、ほめてあげるといったことを省略しがちです。

しかし、こういう状態は、別の因子がひとつでも入っただけで、不協和音を奏ではじめたりもする非常に脆弱な環境でもあるわけなのです。

日頃から多くの人達との絆を深める為にも、こうした不安定な状況を放置しておいてはいけないということです。

よく知っている人に対しても、よく知らない人に対しての気遣いや親切と同じぐらいに、気をつかっていなければ、ちょっとしたことで、信頼関係が崩れてしまうということなのです。

何かを頼む時には、相手の心にペーシングするべく、ひと呼吸置いたクッション言葉で

〝暗黙の強化〟がマイナスにはたらくと職場は崩壊する！

うん？
何か皆んな
の私を見る
目が変な気が
するな……
わし、何か
したかな
……？

「ちょっといいですか」を使いましょう。

そして頼んだことを処理してもらったら「ありがとう」、出来栄えに応じて「いいね、コレ」「よく出来てるね」「素晴らしいね」などのほめも必要になるということなのです。

ほんの短い言葉でも、こうした台詞があるとないとでは大違いなのです。

誰に対しても、公平に、腰を低くしてモノを言う態度には、とても心が安定しているといった人格までをも感じさせてくれます。

どんなに急いでいる時にも、忘れないようにしたい習慣なのです。

レッスン23

❖難しい質問を相手に投げてはいけない！

会話の盛り上げに欠かせないのは、「相づち」ですが、話題作りには、「上手な質問」が欠かせません。

すでにハーフクエスチョンで、口の重い人をリラックスさせる質問の仕方についてはふれましたが、ここでは正攻法の質問の仕方について解説しておきましょう。

「ほう、○×銀行にお勤めですかあ。近年は預貸率《よたいりつ》が下がって、地銀などでは6割そこそこってとこもあるそうですね。おたくの銀行もやはり運用に困って、日本国債ばかりを買い込んでいるんですか？」

「ほう、○△工業にお勤めですかあ。おたくの会社の株価は、リーマンショック後の安値からの回復率が低いですが、それはどうしてでしょうか？」

若手のビジネスパーソンが集まる異業種交流会などに行くと、名刺交換ののち、いきなりこんなクローズドクエスチョンをして、相手を面食らわせているケースを見かけます。知ったかぶりで、相手より優位に立たんとする意識が透けて見えて、とてもイヤミな質問になっていることに本人は気づいていません。

若手のビジネスパーソンにありがちな背伸びがカワイイともいえますが、相手も真剣に答えなければと緊張させられて、まるで国会質問における与党側答弁みたいになってしまいますから気の毒な話です。

業界や業種などについて、ちょっと知識があったからといって、さも知っているとばかりの質問では、よい印象は残せません。

少しばかりの知識があったのなら、むしろもっと簡単に答えられるようなハーフクエスチョンでの質問をこそすべきでしょう。

「ほう、○×銀行にお勤めですかあ。いろいろな企業の経営をごらんになれるっていうのは、いろいろむずかしいこともおありなんでしょうねえ」

「ほう、○△工業にお勤めですかあ。やはり、リーマンショック後の影響とかっていうのは、いろいろと大変だったんでしょうねえ」

このように「むずかしいんでしょうねえ」「大変だったんでしょうねえ」「面白そうですねえ」「楽しそうですねえ」といった情緒面に重きを置いたアバウトな事柄へのハーフクエスチョンなら、相手も答えやすくなるということを知っておきましょう。

つまり、むずかしいことや、ストレートな質問は、相手を追い込むことになりますから、はじめて会った人に対しては禁じ手になるということなのです。

「どんなご趣味をおもちですか？」
↓
「ご趣味とかも、いろいろおありになるんでしょうねえ」
↓
「どんなお仕事をなさってるんですか？」
↓
「お仕事お忙しいんでしょうねえ」

いきなり、むずかしい質問をすると相手は面食らう！

※はじめの質問は、ゆるくマイルドな答えやすいハーフクエスチョンがおすすめ！

「お好きな食べ物は何ですか？」
↓
「お好きな食べ物とかもおありになるんでしょうねえ」

質問は、ゆるく、マイルドにしていけばいくほど、相手を楽にさせるわけです。

むずかしい質問をしてもよいのは、話がどんどん展開していき、相手のほうから、そうした話題にふれてきた時と心得ておくべきでしょう。

相手が答えやすい質問や答えたくなる質問が肝心なのです。

そうすれば、あなたの好感度はぐんぐんアップする筈です。

レッスン24

❖ていねいな言葉遣いは安定した人格の表れ！

相手によって態度を変える人は、世の中に多く見受けられます。

そういう人を直接目の当たりにすると、見苦しくて不快な念さえ生じるでしょう。

社長や役員の前では、ヘイコラ頭を下げておべんちゃらを言っているのに、部下の前では絶対君主のようにふるまう上司――。

気に入っている相手には、積極的に愛想よく笑顔でいるのに、それ以外の人の前ではいつも仏頂面の人――。

元請けに対しては、奴隷のようにかしずくくせに、下請けに対しては平気で無理難題を押しつける人――。

お客に対しては、満面の笑顔で低姿勢なのに、納入業者や売り込み業者に対しては見下したような態度になる商店主――。

外では、温厚篤実《とくじつ》なジェントルマンで通っているのに、家庭では家族を怒鳴り散らしてやまない横暴な亭主――。

こういう二面性の態度を露《あらわ》にしている人は、もちろん本人もある程度そのことを自覚しているでしょう。

他人から見て思うほど、本人は2つの態度に大きな隔たりはないと思っていますが、そうした傾向があることは、本人もいくらかは承知していることなのです。

ある意味本音が表れていて、正直といえば正直な人なのです。

自分にとって利があると思う相手にはすり寄っていき、特段利をもたらす相手でないと思う人には、そっ気なかったり、見下して、ぞんざいに扱うのです。

もちろん、人間は誰もがこうした二面性をもっているものです。

これほど両極端でないにしろ、エサをくれる主人になつき、そうでない人には冷淡になる犬と一緒だなと思えば理解もしやすいでしょう。

そこそこ知能が発達している動物は、本能行動（食欲など）と結びついてこういう二面性を備えるわけです。

これを心理学では〝**両面感情**〟と呼んでいます。

ふつうの人は、この両方の感情のバランスをうまくとろうと努力します。

「自分の利益につながる相手と見て、おべんちゃらを言うのは見苦しいことだ」
「自分の利益につながる相手には、積極的におべんちゃらぐらい言えなきゃ駄目だ」

こういう2つの感情が葛藤を繰り返しているものなのです。

おべんちゃらを言っている人を見て「八方美人野郎め」などと悪態をつくのは、八方美人の人の行動の中に、自分の醜い心（おべんちゃらを言わなきゃいけないけれど、それも見苦しくてイヤだ）を投影して見るから腹が立つのです。

利益をもたらしてくれそうな人にお世辞や追従を言っていると、自分の醜い心が極立ちます。それが強ければ強いほど、その反動として、偉そうにふんぞり返って自分の自尊感情を取り戻そうとするのです。

つまり、心が安定しておらず、卑屈な気持ちでいつもヒドイ目に遭わされたら恐い、不安だという感情からおべんちゃらに走るものの、その醜い自分の心の安定度を保つ為にも、もう一方での態度を変えざるをえなくなっているのです。

ある意味、可哀想な人なのです。

心の安定を図る為には、誰に対しても、ていねいな言葉を使い、適切なほめも加えて、

両面感情（アンビバレンス）のバランスが悪いと人格が揺らぐ！

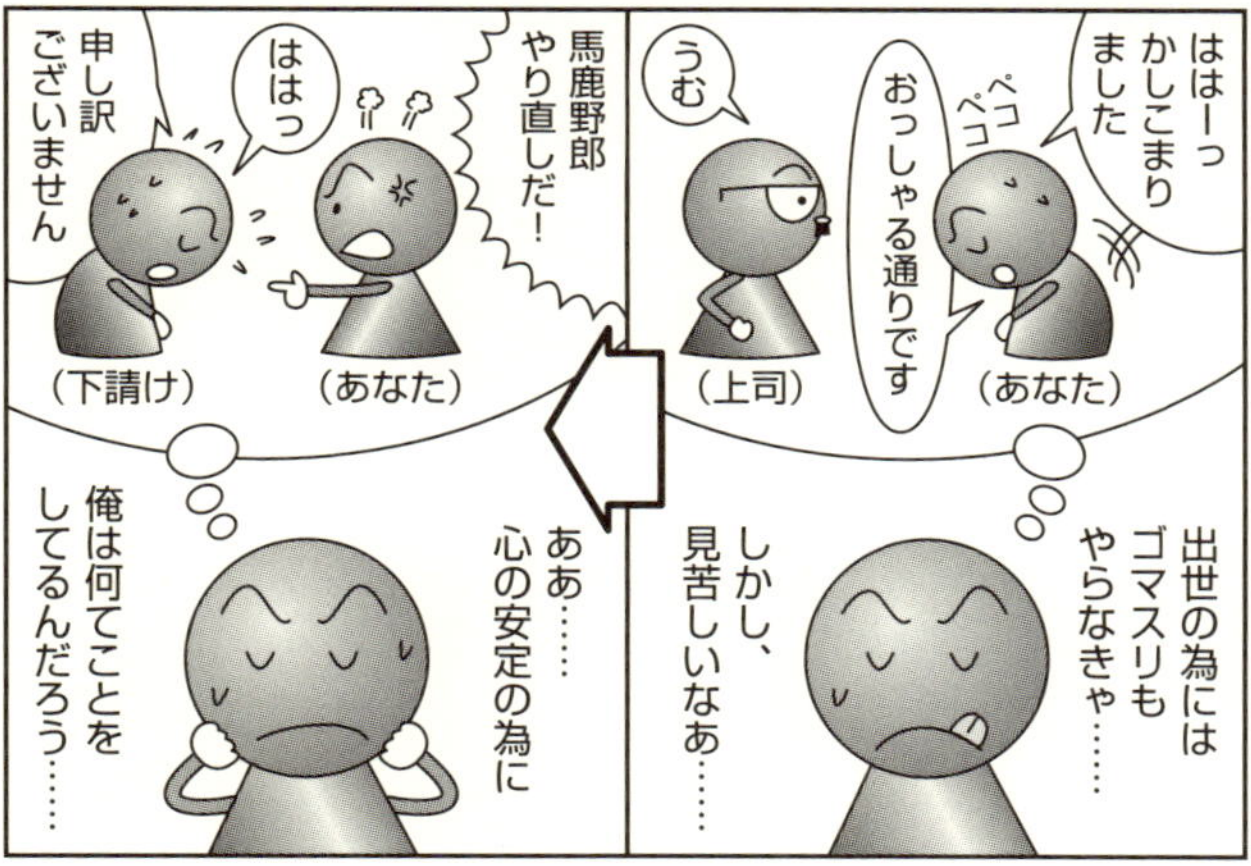
はは－っ
かしこまりました
ペコペコ
おっしゃる通りです
うむ
（あなた）
（上司）
出世の為にはゴマスリもやらなきゃ……
しかし、見苦しいなあ……
馬鹿野郎
やり直しだ！
ははっ
申し訳ございません
（あなた）
（下請け）
ああ……心の安定の為に
俺は何てことをしてるんだろう……

接するようにすればよいのです。

そうすれば、次第に心の安定、両面感情のバランスもとれるようになっていくでしょう。

すなわち自分に自信がもてるようにもなるからです。

もちろん必要以上にへり下ったり、おべんちゃらを言うのも控えるべきでしょう。

相手を増長させかねないからです。

誰に対しても、例えば、宅配便を運んでくれる配達の人に対しても、新入社員に対しても等しくていねいに接するのです。

そうすれば人格が磨かれていくことは間違いないでしょう。

レッスン25

❖見知らぬ人に声をかけて仲良くなろう！

会社を代表して何かの会合に参加することになったり、義理でパーティーに出席する――などということがあります。そして、それが知っている人が誰もいない会合や、パーティーであり、自分1人だけで参加するなどと聞くと、とたんにゲンナリしてしまう人もいます。

イヤだなあ、心細いなあ、気詰まりだなあ……出来れば参加したくない、参加しなくてもすむ方法はないだろうか、などと逃げ腰になる人も少なくないのが日本人の特性でしょう。シャイで照れ屋で、引っ込み思案という人は意外に多いのです。

しかし、こんな時こそ、人脈をひろげるチャンスと、プラス思考になることをおすすめしたいのです。

では、そんな見知らぬ人ばかりの集まりに参加して、どうやって人に声をかけ、話題をひろげていけばよいのでしょうか。

一番簡単な方法は、自分と同じように、知り合いが誰もおらずに、一人ぽつんと居心地悪そうに立ち尽くしている人を見つけて声をかけることです。

「いやあ、誰も知り合いがいなくて心細いんですが、もしかしておたくもお一人で参加されてるんですか？」

こう言ってあげると喜ばれます。相手も誰かに声をかけてもらいたかったからです。

「そうなんですよ。講演会のあとにこういう懇親会があるなんて、聞いてなかったものですから。でも、今日の講師の話はよかったですよね」

などという感じになっていくものです。

あるいは、こんな声のかけ方でもよいでしょう。

「すごく盛況なパーティーですねえ。〇×関係の方が多いようですが、私は全く無縁の立場で参加してるので、ちょっと取り残されちゃってます」

このように、現在の心境やその場の状況そのものをネタにして話を振ってみるだけでよいのです。相手も同じような心境ですから、心細い者同士たちまち意気投合ということにもなるでしょう。

あるいは、外見から「この人は」と目立つ人、個性的な人、面白そうな人を見つけて積極的に近づくという方法でもよいでしょう。

「あのう、失礼します。一人で参加してるので知り合いが誰もいないもので。感じの良さそうな人を探していたら、何かスゴク、いいオーラを発している人を見つけた思いでして。お話してもよろしいですか？」

このように声をかけると、ものすごく喜ばれます。

何でもよいのですが、「オーラを発している」などと言われれば誰でも嬉しくなるでしょう。

「あ、私がそう見えましたか？　どんなオーラですかね？」などと必ず尋ねてきますから、本人が喜びそうなところを指摘してあげればよいでしょう。

髪型が決まっている、スーツがパリッとしている、スタイルがよい、恰幅がよく堂々としている、頼もしい印象……本当に何でもよいのです。

※共通項を探して話を盛り上げよう！

会話がはじまったら、心掛けるべきは、お互いの共通項の発見ということになります。

業種が同じ、職務内容が同じ、出身地が同じ、年齢が近い、好きな食べ物の傾向が同じ、趣味が同じ、経歴が似ている、体重や身長が近い、服装の好みが近い、購読している新聞

〝見知らぬ人〟と仲良くなるための基本ステップ

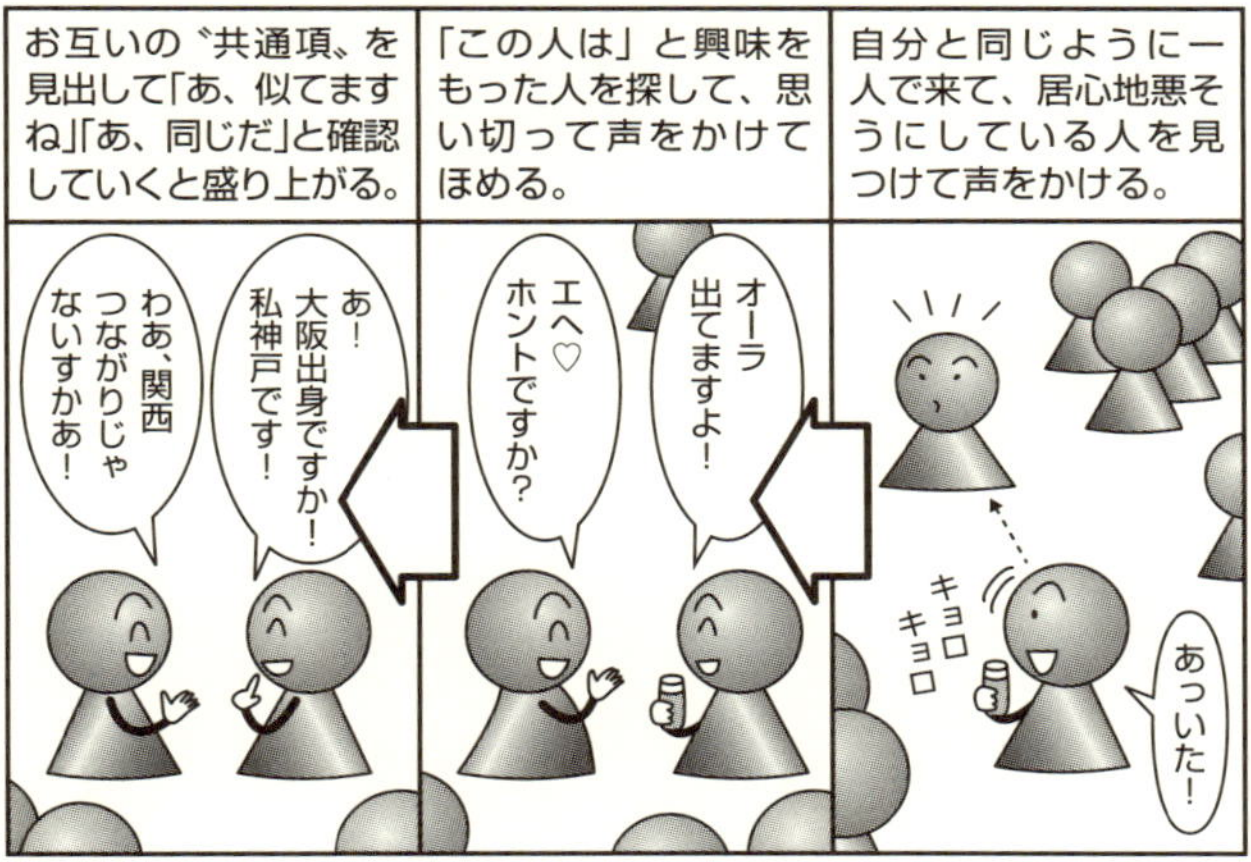
自分と同じように一人で来て、居心地悪そうにしている人を見つけて声をかける。

あっ いた！

キョロ キョロ
「この人は」と興味をもった人を探して、思い切って声をかけてほめる。

オーラ出てますよ！

エヘ♡ ホントですか？

お互いの〝共通項〟を見出して「あ、似てますね」「あ、同じだ」と確認していくと盛り上がる。

あ！ 大阪出身ですか！ 私神戸です！

わあ、関西つながりじゃないすかあ！


や雑誌が同じ、よく見るＴＶ番組が共通している、最近読んだ本が同じ、携帯電話会社が同じ……とにかく何でもよいのです。

「あ、同じですね、私もです」などと言う度に、親近感がどんどん高まるものなのです。

心理学者のロバート・チャルディーニは、

①外見の魅力
②類似性・共通項
③ほめ
④単純接触の繰り返し
⑤協同
⑥連合

……などが、好感度をもたらす条件だと指摘しています。

レッスン26
❖相手を主人公に見立てると喜ばれる!

見知らぬ人への声のかけ方、話を盛り上げるヒントについては前項で紹介しました。

ここでは、相手が気分よく、ついつい話したくなるように仕向けるテクニックについてふれておきます。

ポイントは、相手を主人公に見立てて質問するとよいということです。

まず、はじめにふつうの会話から見ておきましょう。

同僚A「いやあ、まいったよ。昨日、A社に行ったらさ、今後うちからのB製品の出荷は、すべて5%引きにしなければ、取引をやめるって宣告されちまったんだよ」

同僚B「ええっ? そいつはいきなり、ひどいなあ、A社は何で急にそんな高飛車なことを言い出したんだい?」

同僚A「そ、そんなの……俺のほうこそ知りたいよ」

同僚B「ただでさえ安く提供してるのに、5%も安くしたら、うちは完全に赤字だよな」

同僚A「まったく……、どうすりゃいいんだろうなあ、もう……」
同僚B「うーん。そりゃ困ったなあ……」

とまあ、同僚Aの悩みは深まるばかり。
話も尻すぼみになりました。
具体的な事実関係ばかりを追って質問していくとこうなるのです。
これでは何の為の会話かわかりません。
次のように同僚Aを主人公にしてあげれば話の展開も変わります。

同僚A「いやあ、まいったよ。昨日、A社に行ったらさ、今後うちからのB製品の出荷は、すべて5%引きにしなければ、取引をやめるって宣告されちまったんだよ」
同僚B「そりゃあ、ひどいなあ。きみはそれに対して何と言って返したの?」
同僚A「5%も値下げしたら、うちは赤字になりますから、無理ですって即断ったよ」
同僚B「おお、さすが。はっきり言ったんだ。君の判断は正しいと思うよ」
同僚A「俺としてはさ、B製品の量産効果もあるからさ、A社との取引は続けたいんだよ。

何しろ納入量は断トツに多いからね。しかし、絶対にそんな値引き要求は呑めないからさ、もう一度行って、うちの原価率を示して交渉したいと思ってるんだ」

同僚B「なるほどー、よくそういういい戦略が、すぐに浮かんだもんだな」

同僚A「いやあ、帰りの電車の中で、必死に考えたんだよ。向こうが明確な理由を示さないっていうのも腑に落ちないだろ。もう少し時間をかけて、そのへんも探りたいんだよ。というわけでこれから部長のところに相談に行ってくる」

同僚B「部長も君の戦略を採用するしかないだろうな。お前ホントにしたたかで大した奴だなあ。転んでもタダでは起きないっていうか」

同僚A「いやあ、ハハハ。あとはどうなることやら、でもピンチは何か他のチャンスに変えられるかもしれないからな、じゃ行ってくるわ」

いかがでしょうか。

「君はそれに対してどう言ったの？」

「君はどうしようと思ってるの？」

「主役」や「主人公」にされ、称えられると自信が湧く！

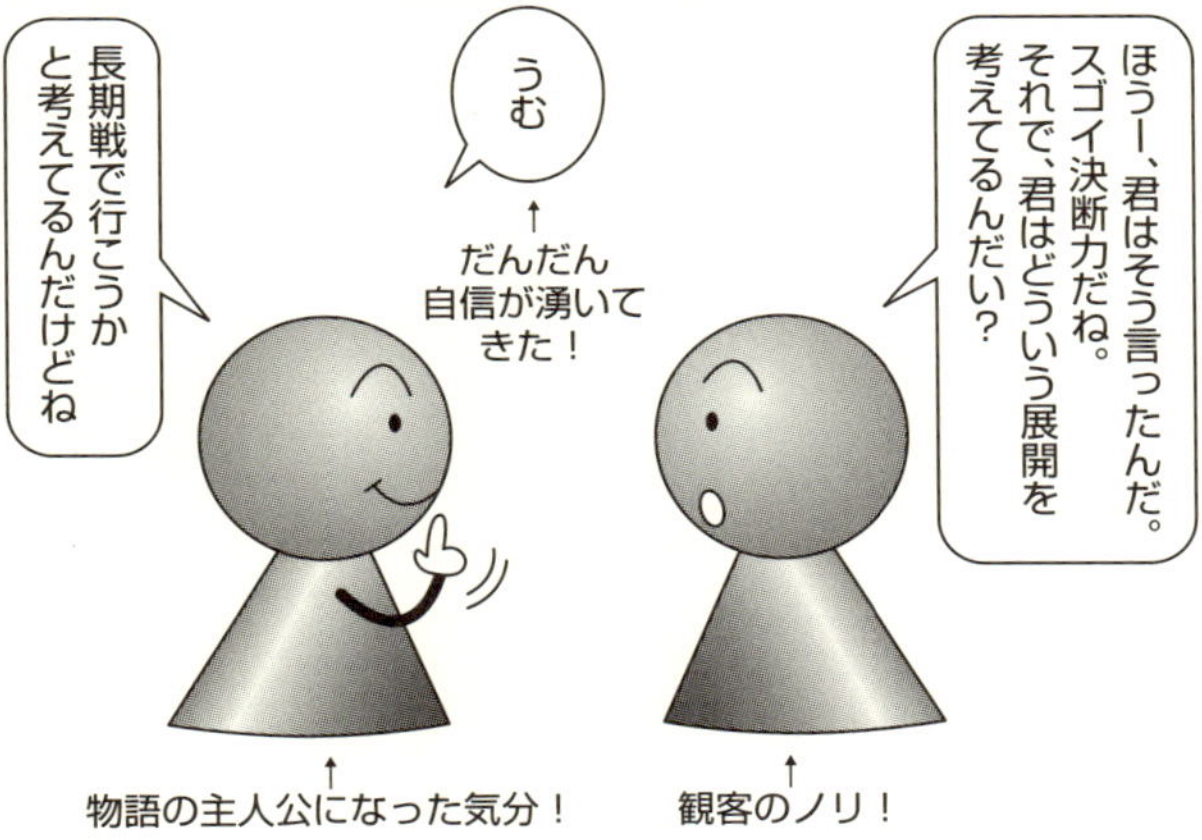
ほうー、君はそう言ったんだ。スゴイ決断力だね。それで、君はどういう展開を考えてるんだい？
うむ
長期戦で行こうかと考えてるんだけどね
だんだん自信が湧いてきた！
物語の主人公になった気分！
観客のノリ！

このように話し手である同僚Ａを主役にして、Ａの言った台詞、判断、行動といった事柄を中心に聞いてあげると、Ａは自分自身の考えを整理することも出来るのです。

さらに、打開策に向けて、自らを鼓舞していく様子までもが見てとれるでしょう。

人は自分を主役として、主人公としてその姿勢を問われ、それを称えられると、自分なりに考えていることをまとめて、ツラツラ語りたくなるものなのです。

そして、語っているうちに、自信も甦ってくるのです。

元気を与えてくれる相手になれれば好感度も高まることでしょう。

レッスン27
❖よいレッテルを貼ってあげる努力をしよう！

誰しも先入観と無縁ではいられません。

遅刻ばかりしてくる新入社員に対しては「甘ったれでルーズな人物」。

常にカリカリ、イライラしているような人物には「ヒステリー気質の人」。

早口で自分の主張ばかりしたがる同僚は「自己チュー人間」。

人は、いつしかこの人はこういう人だというマイナスのレッテルを貼ってしまいます。

すると、当然のことながら、こういう人に対しての発言も厳しくなるものです。


「何べん言ったらわかるんだ、お前。社会人になったら遅刻は一切許されないんだぞ」

「何をいきり立ってるんだよ。お前はいつも喧嘩腰でしかモノを言わないな。頭から水でもかぶって、冷静になってから発言しろよ」

「お前の話は、いつも自分に都合がいいだけじゃないか。全体のことをよく考えてから意見を言えよ」

人々の心の中には、マイナスの先入観がすっかり定着しているものですから、ことあるごとに、それをベースにした批判をすることになるでしょう。

当然レッテルを貼られた当人達は面白くありません。

反発し、抵抗したい気持ちがムクムクと湧き上がります。

中には、やさぐれて、開き直ってしまうだけの人だっているでしょう。

マイナスのレッテルを貼られた負い目を打ち払う努力をする前に、その圧力に屈服してしまうのです。

周囲は批判したり、注意したりすることで、当人に自覚を促しているつもりでも、こういうケースではなかなか改善は望めないというわけです。

問題のある言動をする人に対しては、注意や批判、叱責を繰り返すことで是正を促すよりも、根元的な解決に効果的な方法があります。

心理学でいう**「ピグマリオン効果」**を応用するのです。

1964年米国の教育心理学者ロバート・ローゼンタールが発表したこの効果は、「教師期待効果」とも呼ばれていますが、教師が生徒に期待のこもった眼差《まなざし》で接していると、生徒も無意識のうちに成績が上がっていったという実験結果から導き出されています。

ちなみに、これを「ピグマリオン効果」と名付けたのは、ギリシャ神話に登場する王様のピグマリオンが、彫像の美女に恋をして、これが人間だったらと願っていたところ、愛の女神アフロディーテが、ピグマリオンに同情して、本物の人間の美女にしてあげたという故事にあやかったものです。

つまり、期待と願いをこめれば、その通りに実現するものだということを意味しているのです。

心理学では具体的に**「ラベリング効果」**という方法論が提唱されています。

遅刻ばかりする新入社員には「遅刻をしない君は優秀な新入社員だね」。

ヒステリー気質の人には「落ち着いて冷静に話す君は、本当に魅力的だね」。

早口で自己主張をする同僚には「全体のことを考えて意見を言うようにしてるんだね」。

こんなレッテルを貼った台詞を折々に繰り返してあげるとよいのです。

料理の下手な奥さんには、おいしかったところをほめてあげます。

「きみって、どんどん料理が上達しているね」

"ピグマリオン効果"でプラスのレッテル貼りが効く！

ホントにコイツ
料理下手だな……
きみは料理作るの
どんどん上手に
なってるね！
あら～ん
うふふ
うれピーわ♡
にゃぐ～

※マイナスのレッテルを貼られるよりプラスのレッテルが効果的！

短気な彼氏をもつ女性は、彼氏が怒らない時を見て、我慢しているところをほめてあげます。

「落ち着いて、腹を立てなくなってどんどん素敵になっていくわね」

朝の挨拶のそっ気ない青年には挨拶をほめてあげます。

「いつもさわやかな挨拶をありがとう」

こういうことを言われると、注意や叱責と違って、承認欲求が満たされますから、無意識のうちにも徐々にそういう人間に近付いてくれるというわけです。

整理整頓が苦手な人には整理できているところをほめてあげます。

「きみって本当は整理整頓うまいんだね」

第4章

自分を最大限にアピールするワザ

〜効果的に自分のよいところを見せるテクニック

レッスン28

❖変なセリフを使わない！

社会人になっても、なかなか若者言葉や学生言葉が抜けない人がいます。

「今時の言葉を使って何が悪いの？」などと思っていませんか。

「親しみが湧いて、いいと思ってますけど」などと言い訳をするようでは、甘ったれた心根が見透かされてしまいます。

ビジネス用語には、格調が求められます。

「駄目です」「無理です」「出来ません」などという言い方では、「未熟者扱い」されても文句は言えないのです。

「困ります」「むずかしいです」「出来かねます」とサラリと応じることが出来てはじめて、一人前になれるのです。

ここでは、いくつか具体例を挙げておきますので、チェックをしておきましょう。

「すいませんが（依頼の場合）」→「恐れ入りますが」「お手数ですが」

「すいません・ごめんなさい（謝罪の場合）」→「申し訳ございません」
「お客様をお連れしました（これでは連行）」→「お客様をご案内しました」
「忘れました」→「失念致しました」
「聞いておりません」→「伺っておりません」「存じ上げません」
「わかりません・知りません」→「わかりかねます・存じません」
「わかりました」→「承知致しました・かしこまりました」

いかがでしょうか。新卒の方は、最低限この程度の言い換えは、スムーズに出来るようにしておきたいものです。

他にも注意しておきたい言葉があります。

「私的には」→「私は」
「なにげに」→「何気なく」
「〜みたく」→「〜のように」
「うざい」→「うるさい・鬱陶《うっとう》しい・わずらわしい・面倒な・邪魔な……など」

「キショイ」→「気持ちの悪い」
「〜っていうかあ」→「〜というべきか、あるいは」
「ぶっちゃけ」→「単刀直入に、包み隠さずに」
「〜なんですけど」→「〜ですが」
「まじ」→「本当に・真面目に」
「やばい・やべえ」→「よくない」
「うそ〜ありえない（ねえ）」→「そんな筈はない」「予想外の」

こうした言葉は、生活に根づいてしまっているだけに、社会人になっても、ついうっかり出てきてしまうでしょう。

上司「きみ、報告書を今週中に頼むよ」
部下「えっ？　まじっすか？　うっそー、ありえねえ、ぶっちゃけ無理っすよ」

上司に対して、タメグチであるのがまずいだけでなく、非常にぞんざいで軽い言い回し

若者言葉・学生言葉では〝信用〟が築けない！

まじっすか？ぶっちゃけありえないーってゆーか、ヤバイですよね
うーむ……きみ、どうやってわが社の面接をくぐり抜けたんだね？

になっているのがわかります。

上司「A社に連絡は入れたのか？」
部下「一応、入れました」

このように「一応」などと、あいまいな表現をする人もいるでしょう。

上司「で、先方はどう言ってるんだ？」
部下「別に……」

こんな調子では、信頼されません。
「昨日連絡を入れました」「特別のお話はありませんでした」。こんなふうに、はっきりメリハリを利かせたいものなのです。

レッスン29 ❖人に注意する時に気をつけること！

地位や立場が相手より優越していると思うと、傲慢《ごうまん》になる人がいます。

「おいコラ、駄目だよ、こんなレポートは。もう一回書き直せよ」

「ちょっとアンタさ、そこに荷物置かないでよ。そこはアタシの場所なんだからさ」

他人に注意して要求を呑ませようとする場面ですが、こういう言い方をされると誰でもカチンときます。

レポートのどこが駄目なのか、ろくに説明もなく書き直しを命じたり、「そこはアタシの場所」と勝手に決めて正当な根拠も示さないのですからなおさらです。

ただ単に自分の縄ばりを主張しているだけなのに偉そうなモノ言いなのです。

レッスン15では、「叱ってからほめる」ということをお伝えしましたが、このように誰かに注意をして、要求を通したい時には、どんな言い回しが一番相手を傷つけないですむのでしょうか。

ここでは疑問形を使って言うと、相手のほうが自主的に考えて善処してくれるという方法を知っておきましょう。

「おいコラ、駄目だよ、こんなレポートは。もう一回書き直せよ」
↓ ↓ ↓
「きみ、このレポートなんだけどね。もう一回書き直してもらえないかな？」
※ ※ ※ ※ ※
「ちょっとアンタさ、そこに荷物置かないでよ。そこはアタシの場所なんだからさ」
↓ ↓ ↓
「この荷物ね、悪いんだけどここに置かないでくれないかしら？」

こんな風に疑問形にしただけで、かなりマイルドになるでしょう。

しかも、いずれも明確な理由も告げていないのは、最初と同じです。

それでいて、注意された時の「何故？」「どうして？」という相手への反発心は湧かずに、むしろ自分自身で「何故だろう」「どうしてだろう」と考える方向になるのです。

命令形で言われると反抗したい気持ちが自然に起こるのに、疑問形で問われると、そうしていない自分のほうに非があるようにさえ感じられるのです。

つまり相手が「〜しないでくれ」と言える立場にありながら、遠慮して遠回しに尋ねてきたという配慮を感じ、こちらも譲歩しなければという気持ちにさせるからなのです（**返報性の原理**）。

駐禁の道路に車を停めている人に対して「ちょっと、ここ駐禁なので車どかしてよ」と言うとカドが立ちますが、**「すいません、どのぐらい車停めますか？」**と尋ねると、すんなり車を動かしてもらえます。

「ここ禁煙だから煙草やめて下さい」というと、ムッとされるのがオチですが、**「ここで煙草吸われます？」**と尋ねると「あ、スイマセン」などと言ってすぐもみ消してくれたりするわけです。

人は禁じられたり、命令されることが大嫌いです。

束縛されると思うと不快になります。

かえって禁を破りたくなるのです（**カリギュラ効果**）。

人は命令されたり、禁じられるのが大嫌い！

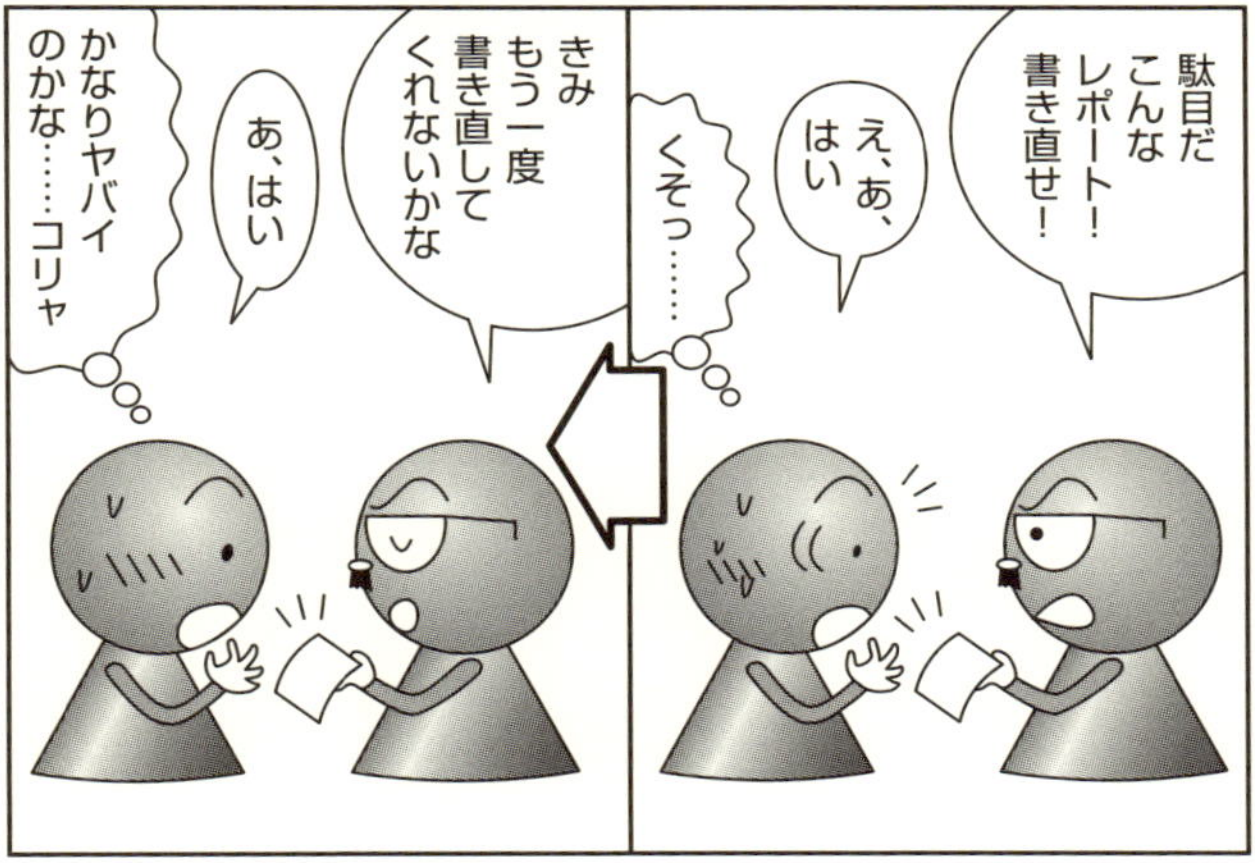

したがって、相手に何かを命じたり、禁じたりする時には、命令形ではなく、すべからく疑問形にすべきだということなのです。

「〜しろ」「〜するな」ではなく、「〜してくれない？」「〜しないでくれない？」が効くのです。

相手がこちらより地位や立場が低いからといって、当たり前のように命令形を連発していると、相手もストレスが高じていきます。

命令形を疑問形にすることで、あなたの印象は、「命令する偉そうな奴」から「こちらの気持ちに配慮してくれる優しい人」になるのです。

レッスン30
❖あいまいな返事をしてはいけない！

遠慮したつもりなのか、どっちつかずの返事をする人はよくいます。

上司「このプロジェクトのメンバーに、きみも入ってもらおうかと考えてるんだが、どう思う？」
部下「はあ、私はどっちでもいいですが」
上司「どっちでもいい？　きみはやりたくないのかね？」

※　※　※　※

女性「ねえ、今度の連休だけど、映画に行く？　それともドライブにする？」
男性「おれは、どっちでもいいけど」
女性「どっちでもいい？　あたしとデートする気ないの？」

相手の意向に従う姿勢でありながら、こういう台詞を言ってしまうと、言われたほうは興ざめします。

せっかく、どうするか尋ねてあげているのに、気のない返事に聞こえてしまうからです。

すぐに「ありがとうございます。参加させて頂けたら嬉しく思います」などと答えられれば、意欲が感じられ、推挙しようと考えている上司の承認欲求も満たされます。

また、断りたいなら、その理由を述べればよいだけの場面なのです。

男性から、「そうだな、たまには映画を観に行くのもいいね」と言われれば女性も嬉しくなった筈でしょう。

人から何かを尋ねられたら、あいまいではなく、はっきり答えるべきと覚えておきたいものです。

上司「きみ、これが今度のカタログの表紙デザインの案なんだけど、きみはどう思うかね？」

部下「はあ、これですか、まあふつうってていうか」

上司「ふつう？　ふつうっていうと平凡ってことかい？」

部下「はあ、まあ、ビミョーなところですかね」

上司「なにが、ビミョーだっていうんだよ。きみ、意味不明の感想を言われても困るよ」

これまた、「ふつう」だの「ビミョー」だのと、意味不明の言葉で返していますから、会話が嚙み合いません。きっと自分の意見を言うのが恐いのでしょう。

下手なことを言って、それに突っ込みを入れられたら嫌だ、自分の評価軸を試されたくない、などという思いから、こんな生返事をしてしまうのです。

自分の意見を言うことで、反対されたら反対されたで、それがまた人を成長させる材料にもなる筈です。

自分の意見を言わずに躊躇したり、意見がないかのように装うのは、人格を下げるだけだと申し上げておきましょう。

同僚A「今週の金曜日なんだけど、営業の村上が久しぶりに同期で集まろうって提案してきたんだけど、お前も参加するよな？」

同僚B「えっ？　おれか……。うーん、行けたら行くよ」

こんな"あいまい返事"が信用を失くす！

きみもメンバーに入れてあげようか？
どっちでもいいです
上司
部下
きみ、このデザインどう思う？
ふつうですね。ビミョーですよ
上司
部下
お前も参加するよな？
俺？　行けたら行くよ！

こんな返事をされたら、幹事役は一番困ります。

行きたいけど、別の事情が絡まって、行けなくなるかもしれないというのなら、そうした事情をはっきりと説明すべきでしょう。

あるいは、行けっこないのに、行きたいというそぶりを見せる為にこんなことをいうのだとしたらハタ迷惑です。行けないなら行けないとはっきり断るべきなのです。

人からモノを尋ねられたら、はっきりと自分の態度を明らかにしないと信用は築けません。

「いいかげんな奴」というレッテルを貼られないよう注意したいものなのです。

レッスン31 人格を否定された時の対処法！

人は大まかに分けると2種類のタイプになるといわれています。

アグレッシブ（能動的）なタイプと、パッシブ（受動的）なタイプです。

アグレッシブなタイプは、自分自身に正直ですから、比較的思ったことを口にします。

パッシブなタイプは、時と場合にもよりますが、割と自分に不正直になって、思ったことでも口に出来なかったりします。

もちろん、いつも完璧にこの2つのタイプに分かれるということではなく、場面によって、使い分ける、自然とそうなるということでもあります。

アグレッシブなタイプは、わがままな要素も強く、パッシブなタイプは忍耐強いといった説明も出来るでしょう。

学校や職場にはイジメの問題がありますが、アグレッシブタイプがイジメる側で、パッシブタイプがイジメられる側というパターンも挙げられるでしょう。

パワハラ上司は、アグレッシブなタイプですから、アグレッシブなタイプの部下との間では、衝突する可能性も高まります。

しかし、結局パワハラ上司には、立場上勝てないことを悟ったアグレッシブなタイプの部下は、パッシブタイプに変容することで、パワハラ攻撃を受け続けるよりなくなるでしょう。

米国では、アグレッシブでもなく、パッシブでもない、第3のタイプとしてアサーティブ（Assertive）なタイプとなることを目指す運動が近年さかんになってきています。

アサーティブとは「対等な関係の下で行なう自己主張」のことと訳されています。

理性的で分別のある大人の態度で、言うべきこと、主張すべきことはしっかりと相手に伝えなければいけないという考え方がベースになっています。

つまり、侮辱的な言動にさらされたりした時には、アグレッシブに興奮して立ち向かって行ったり、パッシブに黙っていたりするのではなく、「そういう侮辱はやめて下さい」と冷静に落ち着いて相手に正していく――ということになるわけです。

レッスン10のところで、**ペーシング**（同調行動）について説明しましたが、相手が侮辱したり、罵倒したりしてきた際に、黙って耐え忍ぶというパッシブな対応をするのではペーシングしていることになります。

相手に恭順の意を示して、言いなりになるというのはペーシングそのものでしょう。かといって、逆上して言い返したりするディスペーシング（反同調行動）を行うと、相手もさらに怒ってこちらに向かってくることになります。

そうなると、喧嘩です。

お互いが激しく、相手の存在否定にとりかかることになりますから消耗戦がいつまでも繰り返されていくでしょう。

これでは駄目なのです。

相手の攻勢を受けたら、避《よ》けるという意味ではディスペーシング（反同調行動）を行なうわけですが、これを冷静に落ち着いて行なうことで、相手のほうが、こちらの冷静沈着な態度に無意識にペーシングしてしまうよう仕向けることが大切なのです。

上司「馬鹿野郎っ、お前何べん言われりゃ気がすむんだっ（怒）」
部下「部長、職場で馬鹿野郎呼ばわりはやめて下さい（冷静）」
上司「何だと、貴様。口応えする気かっ！　馬鹿に馬鹿と言って何が悪い（怒）」
部下「部長、ここは職場です。人格攻撃はおやめ頂きたいのです（冷静）」

アサーティブな対応こそがあなたの人格を上げる！

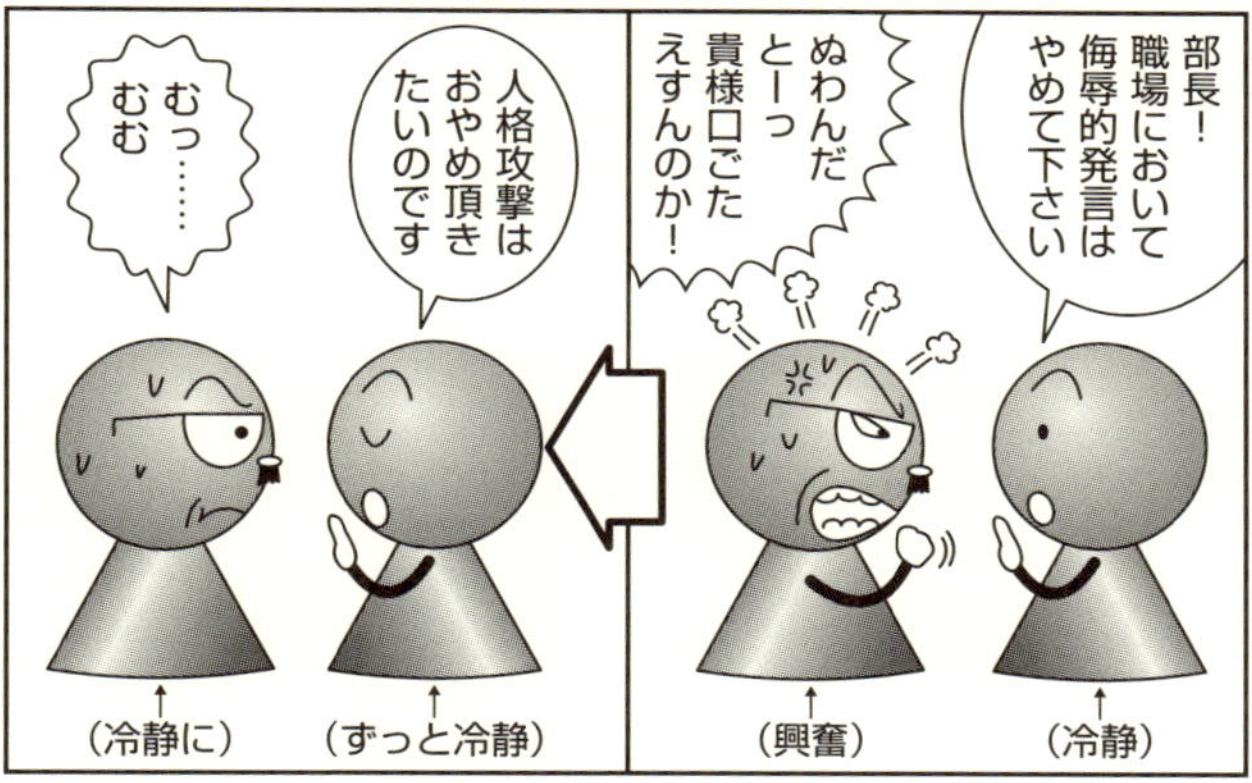

※冷静な態度で立ち向かっていくと、相手も無意識にこちらへペーシングせざるをえなくなる。

上司「じ、じんかくだあ？　何を生意気言ってんだ！（怒）」
部下「落ち着いて下さい。部長、ここは職場ですから（冷静）」
上司「うっ……、む……むむ」

このように、侮辱発言を受けたら、ただちにその時点で相手に対し、冷静に正さなければいけないのです。

こういうことが何度かあると、相手のあなたに対する侮辱などの人格攻撃は終息していきます。

相手の心の中における、あなたという人物の人格的地位が上がるからに他ならないのです。

レッスン32

❖会議の時の態度を間違えていませんか？

会議になると俄然ファイトを燃やす人がいます。

本人は積極的に発言し、終始会議をリードしているつもりですが、何のことはない、ただの壊し屋にすぎないといった異名を持つ人だったりするのです。

他人の意見や提案のアラ探しばかりを行なっていた。

批判の為の批判を行なっていたにすぎないと、こういう手合いになってしまいます。

弁証法をご存知でしょうか。

ひとつの意見（テーゼ）が出されると、それに対して反論（アンチテーゼ）が形成され、さらにより高次の見解（ジンテーゼ）へと発展していく形式のことをいいます。

つまり、〝正〟に対して〝反〟があり、それらを超える〝合〟となるということを永遠に繰り返していくというものです。

より高次の見解へと発展していく過程をアウフヘーベン（止揚）といい、これが議論の望ましいあり方になるというわけです。

さて、となると議論の際、気をつけなければならないのが、反論の仕方です。

相手の意見を尊重するという姿勢がなければはじまりません。

相手の意見を撃破して、完膚なきまでに叩きのめしてはならないということなのです。影も形もないまでにつぶしてしまうと、皆が恐れをなして意見を言わなくなります。

意見を出した人の、弱い部分、矛盾したところを指摘するとともに、そこを補強するアイデアであったり、それをヒントにした対案を出すといった、建設的な議論としなければ、会議の意味あいがなくなってしまうのです。会議の時には、ムキになって人の意見のつぶし合いにならないよう心掛けることが大切なのです。

ところで、日本人は〝和を尊ぶ精神〟というのが大好きですから、賛同意見が次々なされると、多勢に無勢《ぶぜい》の状況を見てモノを言わなくなってしまうという悪しき弊害も見られます。反論があるけど、どうせ少数意見になりそうなので、もはや何も言わないで黙っておこうか——などと考える人がいるわけです。

これは心理学でいう〝**バンドワゴン効果**〟としてよく知られた現象です。

バンドワゴンとは、楽隊行列の先頭で大きな音を奏でる楽隊車のことを言います。

多勢に無勢と悟ると、自分の意見にこだわらず、多勢の意見に従ってしまう効果のことです。

もともとは米国の経済学者であるハーベイ・ライベンシュタインが1950年に発表した論文がキッカケで広まった説ですが、みんなが買って人気の商品は、人気が高いことゆえによく売れるということを表しています。

選挙などでは、マスコミで前評判の高い人にだけ、有権者は自分の一票を死票にしたくない為投票したりします。

「山田も鈴木も中村も田中も行くのに、お前だけは行かないのか？」

などと聞かれると、「あ、おれも行く行く」などとつい乗せられてしまう効果というわけです。

では、多数が賛同している意見に対して、反論を行なう時にはどうしたらよいのでしょうか。

「私も皆さんの支持の多いA案に賛成です」とはじめにひと声添えてやればよいのです。

それだけで周囲は安心します。

はじめに「私は皆さんの支持するA案には反対ですが」などと口火を切ると、警戒され

多勢に無勢の状況で反論する時はこの方法で

私もA案に賛成です！
ただB案にも捨てがたい魅力があるんですよね
ホッ
ホッ
ホッ
ホッ

※はじめにひと声「私も皆さんの意見に賛成」と言えば安心する

て、どうつぶしてやろうかなどと思われますから、とにかくとりあえず賛成とぶち上げます。

そうしておいて「ただ、B案にもちょっと捨てがたい魅力があると思いますので、指摘したいのですが」と続ければよいだけなのです。

こうすれば、B案にもスムーズに目を向けさせられるというわけです。

無用な敵を作ることなく、自分の意見、考え方をしっかり発言するのにとても便利な方法でしょう。

こうすれば、あなたの好感度も上がろうというものなのです。

レッスン33

❖謝罪の時「言い訳」も一緒に言っていませんか?

人間誰でもミスや失敗はするものです。

そんな時には、迷惑をかけた人に「すぐ謝る」というのが基本です。

部下「部長、すいません。A社との契約が駄目になっちゃいました」

上司「えっ? なんだって、アレは確実だったんじゃないのか?」

部下「確実だなんて言ってませんよ。うちが値引きに応じなかったんで、B社にもってかれちゃっただけですよ」

上司「えっ?……」

この部下の話し方には相当問題があります。

まず、はじめの謝罪の言葉ですが、ビジネスの現場で「すいません」は禁句です。

「すいません」を、謝罪や感謝の言葉に使うと軽すぎるからです。

「すいません」が使えるのは「ちょっとすいません」などと、呼びかけの時ぐらいしか使えないものと覚えておきましょう。

次に、上司が驚いて「確実だったんじゃないのか？」という問いかけに対して「確実だなんて言ってませんよ」といきなり否定語で入っています。そして、さらに契約が駄目になった理由として、値引きに応じなかったから、B社に取られたと弁明を続けます。

あたかも、上司が値引きに了承を与えなかったから、契約が取れなかったのであり、それは上司が悪いとでも言わんばかりに聞こえる台詞です。

つまり、この部下は、「自分はひとつも悪くない」ということを、この短いやりとりの中で主張しようとしているわけです。

誰だって、自分は可愛いものです。だから自分の責任を認めるのはイヤなものです。

ゆえに、このように自分に責任が及ばないような言い方をしてしまうのです。

上司は、この段階で部下の責任を追及しているわけではありません。

それなのに、こんな言い方をすると、上司の気分を害するだけになるのです。

次のように言わなければなりません。

部下「部長、ちょっとよろしいでしょうか？（クッション言葉で呼吸を合わせる）」
上司「ん？　どうした？」
部下「申し訳ございません。A社との契約に失敗してしまいました」
上司「えっ？　なんだって、アレは確実だったんじゃないのか？」
部下「おっしゃる通りです。私の見込み違いで申し訳ありません」
上司「いったい、どうなっちゃってるんだ？　理由は何なんだ？」
部下「はい。値引きに応じなかったのがまずかったかもしれません」
上司「うーむ、そうか。すると他社に食い込まれたのか？」
部下「どうもB社と契約することにしたようです。先程の電話でそれらしいことを言われました。申し訳ございません」
上司「うーん。きみが悪いわけじゃないよ。しかし、それは痛いな」

とまあ、このように潔く、自分に非があるように謝罪をされると相手は安心して、理由を探ろうと冷静に尋ねてくれるものなのです。
謝罪の時に、あわてて「言い訳」も一緒にしてしまう人がいますが、「言い訳」を続け

“謝罪の言葉”と“言い訳”を一緒にすると相手を怒らせます！

ると、責任逃がれの姿勢が感じられる為、かえって逆効果になるのです。

「申し訳ございません」としっかり謝罪して、相手からの反応を待たなければなりません。すると、必ず理由を問われます。

その段階ではじめて理由を述べますが、自分に責任がないかのように言ってはならないのです。

失敗の原因判断は相手が下すものだからです。

「言い訳」は、相手から問われてから、はじめて切り出すようにしたいものです。

それだけで、相手への好感度は高いものになることを知っておきましょう。

レッスン34 ❖3つの欲求ポイントをおさえて話していますか?

私たちは、誰もが認められたい、ほめられたいという承認欲求をもっています。
承認欲求が満たされないと、不快になり怒りを覚えます。
承認欲求が満たされると、心地良くなり、嬉しくなります。
この単純な原理を会話の中に取り入れると、あなたの好感度が上がります。
とりわけ、次の3つの欲求ポイントは大切です。

「感謝されたい」
「感動されたい」
「関心をもたれたい」

頭文字のKをとって、**3Kポイント**といってもよいでしょう。
この3つの欲求を満たしてあげるように心掛けることをおすすめしたいのです。

同　僚「きのう、テレビで面白い番組をやってたけどね」

あなた「えっ？　どんな番組？　聞きたいねえ、その話**（関心を示す）**」

同　僚「最近の若者は、昔の若者と比べて貯蓄性向が高いそうなんだ」

あなた「へえーっ、そうなんだあ、驚きだねえ**（感動を示す）**」

同　僚「だろ？　考えてみれば、今の20代は、80年代後半のバブル景気が崩壊して以来、ずっと景気のよくない時代に育ってきているだろ。つまり、日本の将来にさ、希望がもてない時代になってるってことを、これでもかって刷り込まれてきた世代なんだよね。それが、若いうちから、いざという時の為に、貯蓄する習慣につながってるそうなんだよ」

あなた「なるほどー、言われてみればその通りだねえ。われわれの世代が20代の時なんて、お金はあるだけ使ってたもんなあ。それはいいことを聞いたなあ、ありがとう**（感謝を示す）**」

このように3Kポイントをおさえておくと、非常に会話がスムーズになります。

これは、いわば基本中の基本といってもよい流れでしょう。

さらに、次の段階で心掛けたいのは、相手の興味・関心がどこにあるかを探ることになります。

先ほどの会話でいうなら、おそらく「貯蓄」というのがキーワードになるでしょう。したがって、次に尋ねてあげる時には、「貯蓄」をキーワードにするとよさそうなのですが、ここであなたが「最近の若者」というキーワードに興味・関心を示してしまうと次のような会話になっていくかもしれません。

あなた「最近の若者っていうとさあ、就職は厳しいし、給料も抑えられてるから大変だよなあ。結婚も大変になるから、子供も作れず、結局人口もますます減っていくってことだよなあ」

同　僚「まあ、グローバル時代ってのは、世界中が競争することだから、しようがないだろうな」

あなた「ふうむ。そうかもねえ」

"結論めいたこと"を言うのは興味関心がない証拠！

要するにグローバル時代だから仕方ないのさ
でもさあ、上手にグローバル化を押し進める方策もないわけじゃないってノーベル経済学賞をとったコロンビア大学のスティグリッツ教授も言ってるよ
切り捨てています！
あなた
同僚

なおも話題にこだわると嫌われます！

とまあ、同僚が「グローバル時代だからしようがない」と結論を下してしまったことが見てとれます。

これは、同僚があなたの話のキーワード「最近の若者」に対しては、興味・関心がないことを示しているのです。

相手が結論めいたことを述べた時には気をつけなければいけません。

興味・関心がないということだからです。

こののち、会話をつないでいく為には、大急ぎで、「貯蓄」のキーワードに話を戻してあげなければいけないわけです。

「最近の若い人って、収入のうちどれぐらいを貯蓄するんだろうか？」などとつなぐことが望ましいでしょう。

レッスン35

❖相手に「間違い」を指摘していませんか？

大人になっても、漢字の読み間違えや、用語の言い間違えをするといったことはあるものです。

指摘されると、ああ恥ずかしいと、うろたえてしまいます。

教えてあげたほうが、もちろんその人にとってもよいことなのですが、教え方に気をつかう必要があるでしょう。

もとより「間違いネタ」を次回の笑い話にするなどというのは悪趣味ですし、嫌われます。

人は承認欲求の固まりですから、メンツをつぶされて、よい感情はもてないことを知っておきましょう。

では、どうやって教えてあげるとよいのでしょうか。

あなたは、目の前にいる紳士に対し、ズボンのファスナーが開いているのを発見した時、どうしていますか。

知らんぷりを装いながら、本人が気づくように何か仕向けますか。

それとも、そっと耳元で囁いてあげますか。

人によって対応はさまざまでしょうが、出来れば前者のように、こちらは気づいていないフリをして、本人が気づくように仕向けられたらそのほうがよいでしょう。

それが本当の親切というものです。

上司「米国のニューヨークといえば、世界の中心的な首都として、代表的な街だからねえ」

部下「あの、部長、米国の首都はワシントンDCですよ」

上司「んっ、あ、そうか、そうだったな（恥ずっ！）」

この部下は、ちょっとした英雄気取りかもしれませんが、嫌われます。

部下「部長、A社はシャクニュウキンが売上の3倍にものぼるそうです」

上司「そうか、いい情報をありがとう。非上場企業のカリイレキン（借入金）というのは、なかなかつかみにくいからね」

こういう上司は、ありがたい人物です。

さらっと、借入金《かりいれきん》の正しい読みを言い換えで教えてあげているからです。

前述の会話なら、次のように部下が言ってあげたらどうでしょう。

上司「米国のニューヨークといえば、世界の中心的な首都として、代表的な街だからねえ」

部下「そうですねえ、北京に対する上海、ワシントンＤＣに対するニューヨークといった感じは、首都機能をはるかに上回っていますものねえ」

こう言っておけば、上司は自分の間違いに気づかれなかったとして安心するでしょう。あるいは、婉曲に教えてくれたことがわかったならば、その気遣いに対して、好ましくも思う筈です。

上司のメンツをあくまで立てる――というその忠誠心に満足感を覚えることでしょう。

“間違い”を“間違い”と指摘すると嫌われます！

部長！
それを言うなら
シチュエーション
でしょ
シュチエーションじゃ
笑われますよ
あのな
……
わし、何回も練習したけど、
それが言えないんだよ
聞き逃せよな、武士の情けで
上司
部下

首相を務めた安倍晋三氏や麻生太郎氏は、在任中漢字が書けないことや読めないことで、世間の笑い者にされましたが、それ以来国会答弁の文書には官僚の嫌がらせだったのでしょうが、鈴木という人の姓にまで「すずき」というフリガナが打たれていたのです。

誰でも読める漢字にまでフリガナを振り、マスコミの望遠撮影の餌食にさせていたのですから、あとあとまでも陰湿な話でした。

本当に心ある官僚ならば、ちょっと間違えそうなところにだけ、薄くエンピツで書いてあげればすむものなのに、世界に恥をさらさせたのですから酷いものがあったといえるのです。

レッスン36

他人の言葉でほめてあげていますか？

人は、ほめられると嬉しくなります。

お世辞を言われているとわかっていても、嬉しくなるものです。

ただし、あからさまなおべんちゃらは、周囲に人がいる時は避けたほうが無難です。

「なんだアイツ、へこへこしやがって」

などと悪口を言われかねないからです。

レッスン24でもふれましたが、人には「両面感情（アンビバレンス）」があり、「おべんちゃらを言うのは醜い」とする心と、「おべんちゃらぐらい言えなくちゃ駄目だ」という相反する２つの心が同居しています。

「おべんちゃらを言うのは醜い」とする心のほうにより強く傾いている人は、他人がおべんちゃらを言うのを聞くと、他人の中に自分の醜い心を垣間見て、不快感が生じるのです。

そうした行為を否定して、自分の心の安定を保ちたいからこそ、おべんちゃら人間の悪口をふれまわったりするわけです。

ですから、周囲に人がいる時には、お世辞やおべんちゃらを言わないほうが、そうした人々の心を刺激しないですむのです。

積極的にお世辞やおべんちゃらを言うのは、相手と二人きりの時がよいということになります。

お世辞やおべんちゃらのほめは、次の4つのパターンに分かれます。

賞賛型ほめ…………「素晴しい」「さすが」「素敵」「お見事」
共感型ほめ…………「なるほど」「ごもっとも」「おっしゃる通り」
気遣い型ほめ………「大丈夫？」「大変ですね」「お荷物もちましょうか？」
へり下り型ほめ……「おかげさまで」「感服しました」「私には及ばぬことで」

賞賛型とへり下り型のほめが、お世辞やおべんちゃらに聞こえやすいものだということがわかります。

ふつうに相手に共感を示す「なるほど」「ごもっとも」というのは、相づちの言葉とも重なり合っていて、非常によく使われているほめでもあるわけです。

ところで、相手をほめる方法は、これだけではありません。

さらに、相手の承認欲求を満たしてあげる上で効果的なのは、他人の言葉を使ってほめてあげるということなのです。

これは、直接ほめられるよりも、相手を嬉しくさせます。

何しろ、直接ほめる場合は、お世辞やおべんちゃらかもしれないという疑念も尽きないわけですが、他人がほめていたということを伝聞の形で言われると、にわかに信憑性も増すからに他ならないのです（心理学では〝ウィンザー効果〟といいます）。

同　僚「この間、部長がお前のことすごくほめてたぞ」

あなた「えっ？　本当？　なになに、何て言ってほめてたんだ？」

同　僚「あいつは、信頼出来る男だから何でも任せられるってさ」

あなた「えっ？　そうなの？　へえーっ、そんなこと言ってくれてたの、うひゃひゃひゃ、うれしいなあ」

こんなふうに聞かされると、ようし部長の信頼に応えるべく頑張らなくちゃ、などと思

他人の言葉を使ってほめると好感度がアップする！

います。
部長に対する好感度が増すとともに、それを伝えてくれた同僚への好感度も増すのです。

「きみって、スゴク評判いいんだね」
「きみ、女子の間で人気高いよ」
「きみは、上層部の信頼度がかなり高いみたいだよ」

こんなふうに、ほめたという相手を特定しないで言うのでも効果抜群です。
根拠や理由を問われても「そういう感じがするんだよ」と答えるだけでもよいのです。

第5章

長続きする信頼関係を築くコツ

〜ちょっとした会話術が相手に好印象をもたらす

****

レッスン37

❖広く浅くコミュニケーションを保つコツ!

深く狭い人間関係といえるのは、家族や近い親戚、親友や恩師といった人達でしょう。人生上のいろいろな相談事をしたり、くつろぎを共有できる間柄といえます。

それ以外の人達——会社の同僚、上司、部下、同窓生、友人、知人、近隣の人々などが広く浅く付き合う人間関係といってよいでしょう。

あなたと広い社会との結びつきを保証してくれるのが、こういう人達ということになります。

いろいろな意味で、こういう人達との関係は重要です。

大きなチャンスや情報が得られたり、さらに幅広い人間関係へと導いてくれるからです。

そこには、さまざまな可能性が渦巻いているといえるでしょう。

〝人脈〟などというと、単なるコネや人的メリット面のみが強調されがちですが、精神的な部分でも、教えられることは多々あるものです。

疎遠になってしまうのは、実にもったいないことだと言わねばならないでしょう。

人は常に成長し、発展を求めて生きています。

常に自分自身の存在を忘れられないようアピールすることで、せっかく築いてきた人脈をキープしておきたいものなのです。

そんな信頼関係構築にとても役立つのが、年賀状や暑中見舞のハガキにおける〝一行書き〟です。近年は自分のパソコン上で、文字や写真、イラストを構成して、大量にプリントアウトして送るという人が多いのですが、逆に一行書きを添える人はどんどん少なくなっているのが実際です。

それゆえに、一行書きを行なうと目立ちます。

ほんのひとこと、自分の近況、興味・関心のあることを書き添えるだけで、人肌の温もりが感じられ、あなたのイメージが形をもってひろがるというわけです。

では、どんな一行書きを添えるとよいのでしょうか。

著者のところに来た年賀状や暑中見舞のハガキの中からちょっといいな、面白いなと思ったものを例として挙げておきましょう。

「またまたダイエットを始めました（笑）」

「息子が大学生になりました」
「趣味の盆栽の鉢が百を超えました」
「どういうわけか今年から役員やってます」

文面から、ほのぼのとした幸福感が伝わってくるでしょう。
こういう感じのものが、ニヤリとさせてよいのです。
次のは、学生時代からの友人のもので、ちょっと堅い感じです。

「憲法9条を守る運動に参加しています」
「政治の混迷も困ったものです」
「自民も民主も変わりません」

政治経済について議論していた学生時代を彷彿させる意図もあるのでしょう。
相変わらず元気だなと感じさせる効果はあります。
ところで、これはちょっと困ったな、と思わせられるような一行書きにも出会います。

ちょっとした“一行書き”が親しみのモトになる！

「どういう
わけか
今年から
役員やって
ます」
ほう、役員になって嬉しいくせに、
ちょっと照れが入ってるな…フフ
「先月
離婚しました。
独身バンザイ
です」
大丈夫か、コイツ何か
ヤケクソになってる風情だなぁ……

「先月、離婚しました。独身バンザイです」

「年末にリストラされて、仕事がありません（泣）」

「年末に不渡りを食らって、工事代金７００万円が未収となりました。非常に困っています」

「両親の介護でヘトヘトになってます」

親しい関係という思いが、こんなことを書かせるのでしょうが、ちょっとヤケクソ気味だったり、どうにも重苦しい話だったりすると当惑させられます。

レッスン38 ❖サービス精神を答えに取り入れよう!

はじめて出会った人だと、会話が続かなくて困る——という人は多いものです。

パーティーや業界の集まりに行って、周囲に知っている人がいないと、誰だって戸惑います。

レッスン25でも紹介しましたが、そんな時には、自分と同じような立場の人を探して、その場の環境、自分の置かれた状況をここぞとばかりにネタにして話しかけることを提唱しました。そこからさらにお互いの共通項を見つけていくと、だんだん親しみが湧いてくるというわけです。

人脈づくりには欠かせない技といえます。

ここでは、もうひとつ覚えておきたい、話のひろげ方について紹介しておきましょう。

会話が途切れないようにするためのテクニックです。

真面目な日本人が陥りやすい欠点を克服すればうまくいきます。

まず、はじめに真面目な日本人ならではの会話例を見て下さい。

相　手「いやあ、誰も知っている人がいなくて、心細いんですけど、もしかしてあなたもお一人ですか？」

あなた「ええ、そうです」

相　手「周囲を見渡してますと、いろんな業種の方が来られているようですねえ、私は電子部品のメーカーで設計をやってるんですけど、あなたはどちら方面の？」

あなた「私は金融機関に勤めてます」

相　手「ほほう、銀行系ですか？」

あなた「いえ、生命保険会社です」

相　手「なるほど、そうですか……」

話が尻すぼみになっていくのがおわかりでしょう。

これは、あなたが質問されたことだけを、生真面目に返していったからこうなったわけなのです。

一問につき一答で応じるという真面目さだけでは、会話は弾みません。

自動車のアクセルやブレーキと同じで「あそび」の部分がないと、車はスムーズに走らなくなるといったらよいでしょうか。

もっとサービス精神をもって、相手に質問の答えを返す時に、幅をひろげ、「あそび」をもたすようにしないといけないのです。

相　手「いやあ、誰も知っている人がいなくて、心細いんですけど、もしかして、あなたもお一人ですか？」

あなた「ええ、そうなんですよ。一人でくるのは気がすすまなかったんですけれど、話しかけてくれて嬉しいですよ」

相　手「そうおっしゃって頂けると私も救われますねえ。私は電子部品メーカーで設計をしてるんですが、おたくは？」

あなた「私は業種は金融ですが、生命保険会社の営業です」

相　手「ああ、保険ですか。最近は種類がふえてて、むずかしいですよねえ、何か選ぶ時のポイントとか教えて下さいよ」

あなた「そうですねえ、年齢や家族構成を見て選ぶのがよいと思いますすよ」

サービス精神で「答え」には「あそび」をもたせよう！

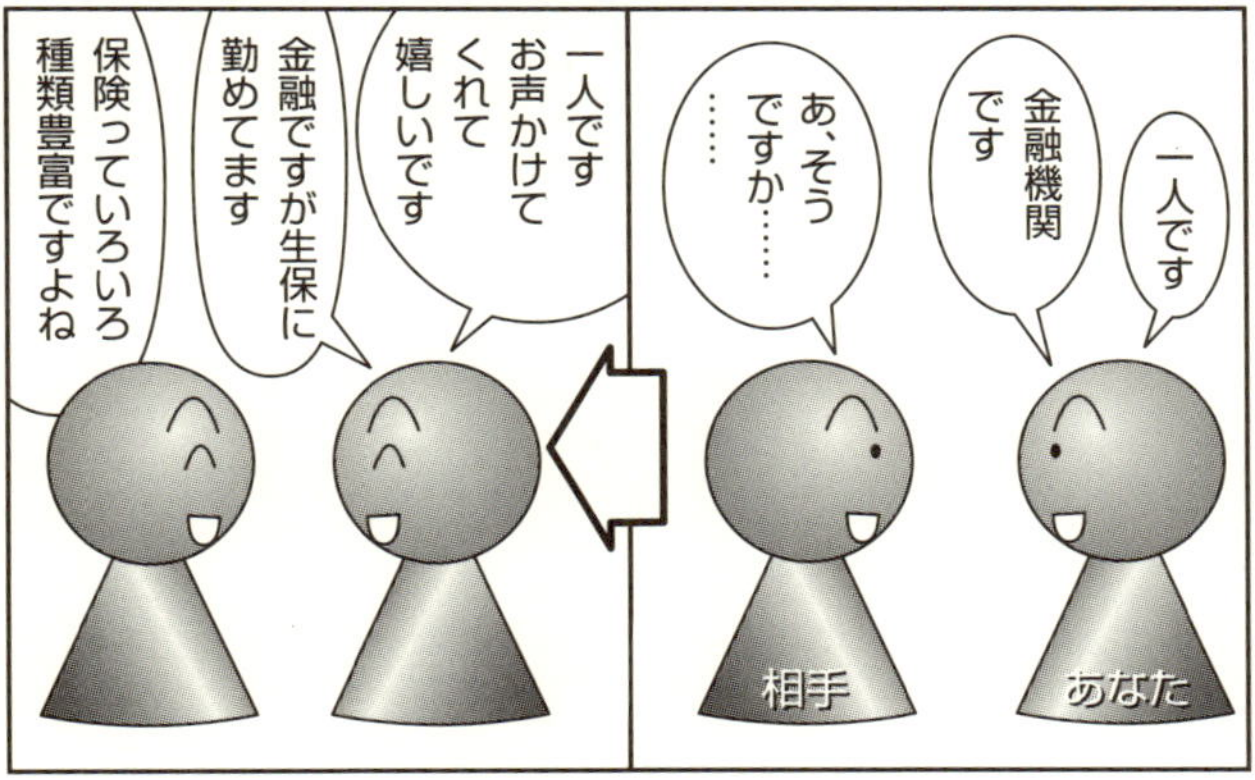
一人です
金融機関です
あ、そうですか……
一人ですお声かけてくれて嬉しいです
金融ですが生保に勤めてます
保険っていろいろ種類豊富ですよね
相手
あなた

※会話に「あそび」がないと「一問一答」で終わってしまう。

とまあ、ひと言多く返してあげればあげるほど、つかみのフックを多く提供できますから、相手も言葉を返しやすくなるというわけです。

答えるポイントは尋ねられた質問を拡大して解釈してあげましょう。

「お仕事は？」と問われたら業界、業種、職種に及んで「自動車のブレーキ部品製造の会社で、T社やN社に納入しています。私は購買で材料仕入れの仕事をしております」というように、出来るだけ相手のイメージがひろがるよう具体的に答えることが大切なのです。

レッスン39 ❖なぐさめ方がうまいと好感度が上がる!

人はいつでも元気なわけではありません。

ネガティブに、うち沈んでしまうこともあるでしょう。

レッスン21でも取り上げましたが、そういう話を振られると、どうしてよいものやらわからなくなって、とっさに励まし始める人がいますが、これはもちろん間違った対応です。

同　僚「何だかさあ、俺もう自信なくしちゃったよ……。俺はうちの仕事に根本的に向いてないんだってことがわかったよ。会社辞めるしかないよな、俺もう……」

あなた「えっ?　どうしたんだよ、お前。何言ってんだよ。元気出せよ。スランプは誰にだってあるさ、なっ、元気出せ。よし、景気づけに一杯飲みに行こうぜ」

この同僚のような心境になることは、誰にでもあることです。

しかし、こんな時に、ガンガン励まされたって嬉しくはないでしょう。

同僚はただ、愚痴をこぼしたかった。

そういう気持ちに寄り添ってくれるだけで、心は落ち着くはずなのです。

すっかりうろたえて、どうしてよいかわからずに、ひたすら力強い言葉で、元気出せよと繰り返されるのは、正直「ウザイ」だけということにもなるでしょう。

「彼女にふられちゃったよ。ちょっと会わなかったら、もう新しい彼氏つくっちゃっててさ、もう落ち込んじゃうよ。ショックだよ。信頼してたのに……」

「俺、うちの上司とは、心底合わないってことがわかったよ。明日朝一番で辞表を出そうかと考えてるんだ……」

「FXで大損しちゃったよ。一日で200万もやられた。10年かかって貯めた資金だったのに、パーになっちゃったんだよ……」

たしかに、こんなことを聞くと、聞かされたほうはあわてます。

早く気分転換させてやろう、早く忘れさせてやろうと焦ります。

しかし、こんな時にはこう言ってあげるべきなのです。

「彼女が新しい彼氏をかあ……ひどいなあ、それは。ショックだよなあ……」

「そうかあ……上司と心底合わないのかあ……つらいだろうなあ」

「200万円かあ……そりゃあ痛いよなあ……」


とまれ、このように、気持ちに寄り添う言葉が大事です。

いつまでも、落ち込んでいるわけにもいかないのは、当の本人が一番わかっていることなのです。

無理やり激励されるより、ただひたすら共感し、痛みの気持ちを共有するように努めてくれれば、少しは心も晴れるのです。

泣きたい時に、声をあげて思いっきり泣くと、何だかスッキリしたという経験は誰もがもっています。

それと同じで、一緒に悲しみ、ペーシング（同調行動）してあげるだけで、人の心はだんだん安定してくるのです。

何かで怒っている人でも同様です。

悲しんでいる人、怒っている人にはペーシングを！

俺もう自信なくしちゃった……会社辞めよかなあ……
わかるよー その気持ち ショックだよなー
アイツに頭きちゃってさー
わかるよー ひどい奴だなー

同　僚「許せねえよ、アイツだけは、いつかぶっとばしてやらないと気がすまねえ（怒）」

あなた「まったくだな。ひどい奴だよ。俺もその話聞いたらそいつをぶっとばしたくなってきたよ（怒）」

一緒に怒ってあげるのが何よりの特効薬になるのです。

悲しみに沈んでいる人には、一緒に沈んであげ、怒っている人には一緒に怒ってあげる。

これが信頼感を醸成する一番の秘訣になるのです。

レッスン40

❖敬語の上手な人になろう！

下品なふるまいをしていると、下品な扱いを受けるようになります。

上品なふるまいをしていると、上品な扱いが待っているものです。

このように、人は「自分の扱い方」を他人に教えています。

よい言動は、すべからく自分に返ってくる――と自覚すべきなのです。

もう一度会いたいと思わせる人は、注意深く見ていると、実に敬語や丁寧語を上手に使っています。

ここでは、いくつかの間違いやすい敬語の例を見ておきましょう。

×上司に申しておきます

「申す」は「言う」の謙譲語ですから、間違いです。この場合は「上司に申し伝えます」と言わねばなりません。「上司に言っときます」などと言うと笑われます。

×ゴルフをおやりになるんですね

「する」の敬語は「なさる」ですから「ゴルフをなさるのですね」が正しい。

×これから会社に戻られますか？

「戻られる」は敬語として不完全です。「お戻りになりますか？」が正解。

×とんでもございません

「とんでもない」はひとつの形容詞なので、「ない」を切り離して丁寧に言うのは誤用になります。「滅相もない」「情けない」「せわしない」なども同様です。丁寧に言うなら「とんでもないことでございます」が正しい。

×社長がお見えになられました。

「来る」の尊敬語として「見える」「お見えになる」は正しいが、「お見えになられる」は二重敬語なので間違いになります。「お見えになりました」「いらっしゃいました」「お越しになりました」「おいでになりました」が正しい。

×どうかいたしましたか？

「する」の敬語表現の「致す」は、自分の行為として「失礼いたしました」「ご迷惑をおかけいたしました」と使えても、相手の行為や状態には使えません。「どうかなさいましたか？」「どうかされましたか？」が正解です。

×おっしゃられる・お話になられる

「おっしゃる」の敬語に助動詞「れる」が付き、敬語の重複になっています。また「話す」の敬語「お話になる」に「れる」が付いてこちらも重複です。いずれも敬語の過剰表現で適切ではなくなるのです。

×弊社に参られたご用は何だったのですか？

「参る」は「行く・来る」の謙譲語なので、相手の行為に使うのは不適切です。素直に「弊社に来られたご用は何だったのですか？」が正解です。

最低限知っておきたい敬語の言い換え例

ことば	尊敬語	謙譲語
言う	おっしゃる	申す・申し上げる
見る	ご覧になる・ご覧下さる	拝見する
聞く	お聞きになる	伺う・拝聴する・承《うけたまわ》る
食べる	召し上がる	いただく
行く	行かれる	参る・伺う・参上する
来る	来られる・いらっしゃる お見えになる・お越しになる	参る・伺う・参上する
会う	お会いになる	お目にかかる・お会いする
する	なさる	致す・致します

×係の者から頂いて下さい

「頂く」は、「もらう」の謙譲語です。相手の行為に使うのは失礼になります。「お受け取りになって下さい」が正しい。

×来ていただいてありがとうございます

「お越し下さりありがとうございます」「お運び頂きありがとうございます」が正解です。

いかがでしょうか。上段の表も含め、正しい敬語表現を身につけておくと、「感じのよい人」と思われます。

〝上品な人には上品な扱いが待っている〟のを忘れないことが大切です。

レッスン41

❖マイナス思考をプラス思考に変えてあげるひとこと！

いつもイライラしている人や愚痴ばかりこぼす人を観察していると、人が寄りつかなくなっていることがわかります。

それはそうでしょう。

妙なとばっちりがこちらに振りかかってこないように、誰しも警戒するからです。

どんなキッカケで怒り出すかわかりませんし、愚痴のほこ先が急にこちらに向いて「その点、お前はいいよな」とか「能天気だな、お前」などと見下してきたり、心の安定度の低い人のそばにいると、こちらまでが不快な気分にさせられかねないからです。

しかし、遠ざけておけばよい、というわけにもいかないでしょう。

そういう人とも会話をする機会が訪れないとも限りませんし、パーティーなどではじめて出会った人が、そういうタイプの人だったということもあるからです。

こういう人との会話では次のようなパターンに陥りがちです。

相　手「うちの会社の製品デザインってさー、どうしてこう、いつもいつもセンスが悪いんだろうなあ」

あなた「えっ？　そうかい。そんなこともないと思うけど……」

相　手「えー驚いたな。お前そう思ってなかったのかよ。もっと批判的な目で判断して、改善点を見つけるような気持ちでいないと駄目だぜ」

あなた「え？　そ、そうかい……」

マイナス思考の話ですから、あなたとしては、うかつに賛同するわけにもいかず、「そんなこともないと思うけど」と否定しています。

つまり相手の承認欲求はここで満たされなくなり、相手は、同調してくれないあなたに対して、非難がましくも言葉を続けてきます。

とんだとばっちりを受ける羽目にもなったというわけです。

何かの悪口を言う人、否定的に物事をとらえて発言する人に対しては、誰もが警戒してガードを固めるものですが、その発言を否定すると、相手はいきり立つものと覚えておきましょう。

まずは、次のように軽く受けとめ、別の言葉でほめてやる必要があるでしょう。

相　手「うちの会社の製品デザインってさー、どうしてこう、いつもいつもセンスが悪いんだろうなあ」

あなた「なるほどー、きみは観察眼が鋭いからねえ」

こう言われると、意見に賛同したわけでもないのに、相手は自分の見方が正当化されたように思えて嬉しくなるものです。

そして、さらに悪口や批判を続けてくるかもしれません。

「ふーむ、なるほどそういう斬新な見方もあったか」
「感受性が冴えてるんだな」
「発想が自在だね」
「大したもんだね」
「着眼が面白いよ」

マイナス思考の人の話の上手な受けとめ方とは？

えー、ぼくはそうは思わないけどな……
エッ？何お前いい子ぶっちゃって……
なるほどー観察力が鋭いねえ
エへへ……そういうわけよ

「ものの見方が多面的だね」
「それ、今度提案してみるといいんじゃないの？」
「開発のセンスがあるんだね」
「美的感覚が発達してるんだね」

このようにほめるだけで、具体的な言葉での論評を差し控えていても、相手はそれほど悪口や批判といったマイナス思考の話はそうそう続けてくるものではなくなるでしょう。

何しろ、相手は承認欲求が満たされるのですからそれだけでも十分満足なのです。

レッスン13の転換ワザと一緒に使うのも効果的です。お試し下さい。

レッスン42
❖依頼や要求は疑問形にすると好印象に！

頼み事をされるのはよいことです。

人から頼られるというのは、承認欲求も満たしてくれるからです。

しかし、「これは君にしか出来ないことだから」とか「君だからこそ、これをお願いしたいんだ」などと限定されて頼まれる事柄ばかりとは限りません。

誰にでも出来る作業だったり、役不足の仕事だったりすると、そんな事を頼まれても、どうにも気が乗らないという場面もあるでしょう。

毎日、朝から晩まで、自分はそんな仕事の連続だということで、いつのまにか、顔が仏頂面になってしまった人もいるほどです。

しかし、だからといって、人からの頼み事を受ける時に、次のような返事をしていると、嫌われます。

「えー、またですかあ？」

「それ、私がやらなきゃいけないんですかあ?」
「私ばかりに頼まないで下さいよ」

どのみち、依頼を受けざるをえないのだったら、こんな抵抗は無駄であるだけでなく、むしろ有害です。「アイツにはモノを頼みにくいなあ」と思われることは、チャンスまでも遠ざけてしまいます。

明るく快活に「喜んでお役に立たせて頂きます」という精神が感じられなければいけないのです。「はい、承知致しました」「はい、かしこまりました」と言う回数がふえるほど、周囲の評価も高まります。

「はたらく」とは、傍《はた》を楽にすること――などと昔の人はよいことを言っています。

今日からは笑顔で引き受けるようにすべきでしょう。

※頼み方にひと工夫すると好感度アップに!

ところで、頼まれる時の態度も重要ですが、人にモノを頼む時の、こちらの姿勢も重要です。

「おい、○×君、コレやっといてくれよ」
「○×君、今日の夕方までに仕上げといてくれ」

忙しいからといって、こういうそっ気ない態度でモノを頼む人が多いものの、これはちょっと冷たすぎます。

依頼や要求の時には、まずクッション言葉をはさんでマイルドなモノの言い方にすべきでしょう。

相手と呼吸を合わせる要領です。

「ちょっと、すまないけど○×君」
「すまんなー○×君」

「ちょっといいですか」「ちょっとすみませんが」という意味を、はじめの呼びかけから入れておきたいものなのです。

相手と会話を始める時に、お互い向き合って、会話をスタートさせてよいかの間合いを

依頼や要求は〝疑問形〟が望ましい！

とったり、相手に呼吸を合わせる為にこのひと言を入れるだけで、ペーシングの役割を果たすことにもなるでしょう。

その上で「～してくれるかな」「これ、頼まれてくれるかな」と疑問形にすると、相手の意志を尊重している配慮を表わせますから、依頼や要求がマイルドなものに変わるのです。

「○×君、ちょっと悪いんだけど、コレ、急ぎで処理してもらえないかな？」

出来るだけ、相手のメンツが立つように、このような尊重姿勢が望ましいのです。

レッスン43
❖「はい！」のひとことがあなたの未来を明るくする！

　前項でも述べましたが、依頼や要求は、どうせ受けざるをえないものなら、快く引き受けることが大切です。

　はじめに、イヤイヤな態度や表情が見てとれると、たとえのちのちの仕事の出来栄えがよくても、感じの悪かった印象分だけ差し引かれてしまうことにもなるからです。

　ところで、依頼や要求のケースでなくとも、呼びかけられたらすぐに「はい」という返事をしているでしょうか。


「何か、ご用ですか？」

「えーと、今ちょっと手が離せなくて……」

「あともう少ししたら終わりますから、それからにして下さいよ」

「すいません、あとで聞きに行きます」

実際こんな台詞を使う人は数多くいるものです。

はじめに「はい」という返事がないのです。

別の言葉で対応出来ない旨を言うのですが、それではとても感じが悪いでしょう。

とりわけ、目の前の仕事が忙しく、てんてこ舞の時には、こうなりがちです。

しかし、これらはいずれも「今は話しかけないでくれ」という拒絶のニュアンスがありますから、声をかけた人は、良い印象をもちません。

声をかけた人は、まず声をかけた行為に対して、認めてほしい、承認してほしいという気持ちがあるからに他なりません。

ですから、ここではまず最初に「はい」と元気に返事をしなければならないのです。

上司「おーい、山田君。忙しいところ、悪いんだけど」
山田「はい、部長お呼びでしょうか」
上司「うん、ちょっと、こっちへ来てくれるかな。それでこれちょっと頼まれてもらえないかなあ？」
山田「部長、申し訳ありません。今ほんの少々、お待ち頂けないでしょうか？　まもなく終了致しますので」

上司「あー、取り込み中だったのか、わかった、じゃあすまんが、あとでこっちに来てほしい」

山田「はい、承知致しました」

とまあ、こういう感じがよい対応でしょう。

この時、大切なのは、上司と部下との間の物理的距離が離れていた場合でも、部下は立ち上がって、上司に顔を向ける姿勢が大切だということです。

まず、はじめに上司の呼びかけに対するペーシングを行なうことこそが重要なのです。

上司のほうに顔も向けずに、口だけで返事を行なってしまうと、上司としては、その態度に不審が募るでしょう。

また、表情が上司のほうに向いていないと、言葉に気持ちがこもりません。

どんな時でも、呼びかけられたら、全身を向け、「はい」というのが最も好ましい反応なのです。

これに続く言葉は、「はい」を言ってからでなければならないのです。

呼ばれたら、すぐ「はい」の明るい返事を！

山田くん ちょっと すまんなー
えー、何ですかー 私今忙しいんですけどねえ
山田くん ちょっと すまんなー
はい！
お呼びでしょうか?
ササッ

たまに街角などで、携帯電話でペコペコ頭を下げながら謝罪している人を見かけることがありますが、全身で受け応えするというのは、言葉に気持ちを載せるという意味ではとても大切な動作です。

全身で謝っていないと、携帯電話での声だけだと、謝罪の気持ちがこもらないのだから当然です。

「はい」の返事とともに、すぐさま顔を向けること、続いて全身で上司のほうに向き合い、体全部で気持ちを伝える姿勢が大事なのです。

何があっても、呼ばれたらすぐに「はい」の返事をする――このことを習慣にしておきましょう。

●おわりに……未来に向かって今日から楽しく実践を！

いかがでしたか。

ちょっとした習慣が、よい人間関係をつくる元になっていきます。

「感じのいい人だな」「また会いたいな」——。

こんなイメージが周囲の人たちに植え付けられていくと、ますますあなた自身も磨かれていきます。

人から好かれるということが、あなたの自信につながり、明るい気分が好循環をつくっていくからです。

本書は、レッスン形式で43の習慣術をまとめてあります。

このうち、どれぐらいの事柄が実践できていたでしょうか。

ちょっと印をつけてみて下さい。

出来ていない事柄については、一日ひとつずつでもマスターしていくように心掛けてみませんか。

43のレッスン項目ですから、一ヵ月前後であなたは「好印象人間」に生まれ変わることができるわけです。

職場や学校、家庭において、ちょっと意識して試みていくだけで、どんどん習慣化できていくでしょう。

あなたの印象が変わると、周囲の態度もどんどん変わっていきます。

人によい印象を与えると、周囲もよい印象を与えてくれるようになるからです。

チャンスは人からもたらされます。

よりよい人生を築いていくためにも、今日からの実践をおすすめするゆえんなのです。

著者

●編著者略歴

日本心理パワー研究所

（にほんしんりぱわーけんきゅうじょ）

1999年2月25日、旧名称日本催眠心理学研究協会を改組して発足。組織と人間関係に重点を置いたさまざまな心理作用の応用研究並びに啓蒙活動を推進。ビジネスマン、OL、主婦、学生等、幅広い層を対象にした各種カウンセリング、自己改革セミナー、法人向け従業員モチベーション向上コンサルティングなどを行なっている。
主な著書に『苦手な相手に勝つ実践切り返し術』『図解99％苦手な相手に勝てる切り返しの話術』『頭がいい人の「通勤時間」活用術』『1秒で相手を見抜く心理術』（ともに小社刊）などがある。
メールは nihonshinrip@yahoo.co.jp

「また会いたい」と思わせる人の習慣術

平成22年6月30日　第1刷発行

編著者
日本心理パワー研究所

発行者
友田　満

DTP
株式会社キャップス

印刷所
誠宏印刷株式会社

製本所
株式会社越後堂製本

発行所
株式会社日本文芸社

〒101-8407　東京都千代田区神田神保町1-7
TEL.03-3294-8931［営業］，03-3294-8920［編集］
振替口座　00180-1-73081

*

※乱丁・落丁などの不良品がありましたら、小社製作部宛にお送りください。
送料小社負担にておとりかえいたします。

Printed in Japan　ISBN978-4-537-25772-4
112100629-112100629Ⓝ01
編集担当・大谷
URL http://www.nihonbungeisha.co.jp

好評既刊！ 日本文芸社 ビジネス新書

頭がいい人が使う
ほめ方・叱り方
―相手を自然とヤル気にさせる話し方
定価：760円（税込5％）
神岡真司 著
すぐに使え、人をヤル気にさせる具体的な「ほめ言葉」の数々を状況別に解説。読んだその日から、アナタも「ほめ上手」「叱り上手」になれる。

頭がいい人の敬語の使い方
―仕事がデキる人間が使う究極の話術
定価：680円（税込5％）
本郷陽二 監修
スムーズな人間関係をつくるためにも敬語は不可欠である。本書では、上司、先輩、顧客などに対しての敬語の使い方を状況別に教える。

「朝10分」で差がつく
仕事力
―毎日のちょっとした習慣が大きく自分を変える
定価：720円（税込5％）
神岡真司＆日本心理パワー研究所 編
ちょっとした朝の行動の積み重ねが、結果的に他の人と大きく差をつけることになる。誰もが無理なく始められる具体例を中心に解説。

頭がいい人は知っている
日本語の品格
―やさしい心配りのある言葉の使い方
定価：680円（税込5％）
本郷陽二 編
どうしたら人間関係をスムーズに運べるのか？本書では、「おつきあいをスムーズにする言葉」「交渉をなめらかにする言葉」「微妙なニュアンスを伝える言葉」などを選び、その使い方を解説。

好評既刊！　日本文芸社　ビジネス新書

苦手な相手に勝つ
実践切り返し術
―NOをYESに変える！　至高の交渉力
定価：680円（税込5％）
日本心理パワー研究所著
どんな苦手な相手にも絶対に負けない鉄壁の会話術！　さまざまな場面で大いに役立つトークマジックをシチュエーション別に実例をあげて解説。

日常生活で使ってみたい
「侍」の日本語
―武士の言葉を現代に応用した実戦会話術
定価：720円（税込5％）
市川スガノ著
日常生活においてよく出くわすシチュエーションに応じた「侍の日本語」の使い方を楽しく解説。職場で、家庭で、普段の生活の中で応用しながら、武士の言葉を身につけよう！

100年楽しめる
古典名作パズル
―天才作家たちの難問・奇問に挑戦!!
定価：798円（税込5％）
伴田良輔著
百年の昔から、欧米の人々を悩ませ、また喜ばせてきた天才パズル作家たちの古典的名作の数々！　難問・奇問が解ければスッキリ！　答を見るだけでも面白い！

頭のいい人が使う
モノの言い方・話し方
―ちょっとした話し方のコツが相手に与える印象を大きく変える
定価：760円（税込5％）
神岡真司著
相手に好印象を与える話し方は、決して難しいことではない。ちょっとしたツボを押さえるだけで、飛躍的に上達していくものである。そんな話し方の達人になるコツ満載！

好評既刊！ 日本文芸社 ビジネス新書

読む人をうならせる
文章を書く技術
―誰でも必ずスラスラ書けるようになる4つの秘訣
定価：７６０円（税込５％）
荒谷　慈 著

まずは三行書いてみる……すべてはそこがスタート。なかなか上手に文章が書けない人も大丈夫。ちょっとしたコツで必ずスラスラ文章が書けるようになるプロの裏技を大公開。

絶対！ 恥をかかない
敬語の使い方
―使っていませんか？ とんでもない敬語を！
定価：７６０円（税込５％）
本郷陽二 監修

敬語はその使い方ひとつであなたの印象を大きく左右します。仕事の場で正しい敬語が使えれば、絶対、恥はかきません！ ベストセラー『頭がいい人の敬語の使い方』の第2弾！

使える脳 頭をよくする11の技術
―「快体験」がやる気あふれる自分をつくる
定価：７６０円（税込５％）
和田秀樹 著

脳を活性化させるだけでは意味がない！ 思考力を鍛えて、問題解決力を高める和田式勉強法で、あなたの脳は「使える脳」に高まり、充実した人生が約束されます！

江戸雄藩 殿様たちの履歴書
―上杉、島津、山内など25大藩から見えるもう一つの日本史
定価：７６０円（税込５％）
八幡和郎 著

江戸雄藩のパワーは日本を大きく変えた！ 新しい時代を見据えた改革を断行し、「地方から日本を変える」ことに成功した全国主要藩の歴史をひもとき、徳川三百年の真実の姿を知る。